Handball

Stephan Gidl-Kilian / Michael Medler

Handball
spielen lernen

Ein Lehrvorschlag für den
Anfängerunterricht

Flensburg 2004

1. Auflage
© Sportbuch-Verlag Ⓜ Corinna Medler, Pinienhof 7
24944 Flensburg · Telefon (04 61) 3 43 44 · Telefax (04 61) 31 17 49
Nachdruck, auch auszugsweise, nur mit Genehmigung des Verfassers
Zeichnungen: Michael Medler, Flensburg
Herstellung: Evert-Druck, Neumünster
ISBN 3-928695-13-4

Inhalt

Einleitung

Handball im Schulsport. Das klingt beinahe unrealistisch. Zwar haben die meisten Schulen in Deutschland mit ihren großen Sporthallen auch große Spielhallen, in denen auch ein großes, den Normen entsprechendes Handballfeld aufgezeichnet ist, aber dieses Feld ist durch Trennvorhänge in drei Hallen aufgeteilt und steht in Gänze nur selten zur Verfügung. Der Schulsport findet in den abgeteilten Hallen statt, d.h. in einem Drittel eines normierten Handballfeldes. Das ist wohl auch der wesentliche Grund dafür, dass es in den letzten Jahrzehnten nur ganz wenige Lehrvorschläge für das Thema Handball in der Schule gibt. Die letzten großen Entwürfe in dieser Spielsportart reichen in eine Zeit zurück, als man diese großen Hallen noch gar nicht hatte. Und sie sind dementsprechend an Hallen mit kleinen Ausmaßen orientiert und diesen Bedingungen angepasst. Wir denken dabei an die Entwürfe von HILMER (1963), HEIL (1970), SCHALLER/FAULENBACH (1972), ROES (1974) und KESSELMEIER (1975) aus den Jahren der Hochkultur der Spieldidaktik. Damals wurden für alle Großen Spiele sog. spielgemäße Modell entwickelt. Für die meisten Sportspiel wurden sie auch bis in die heutige Zeit weiterentwickelt, verfeinert und den jeweiligen aktuellen Bedürfnissen und Strömungen angepasst. Es kamen auch Entwürfe für neue Sportspiele dazu, aber das Handballspiel hat man vergessen. Das gilt jedenfalls für den Schulsport, für den kein den Bedingungen entsprechendes Modell mehr entwickelt wurde.

Man kann heute ganze Jahrgänge von Fachzeitschriften zum Schulsport durchblättern, ohne etwas zum Thema Handball zu finden. Ist Handball zu schwer für den Schulsport? Wir meinen, dass es wohl das Organisatorische ist, das davon abhält, sich mit diesem Thema zu beschäftigen. So wie das Handballspiel zu früheren Zeiten den Schulsport bestimmte, geht es heute nicht mehr. Damals saß der größte Teil der Schüler am Rande und sah zu, während ein kleiner Teil in zwei Mannschaften gegeneinander spielte. Heute möchte man alle Schüler gleichzeitig zum Spielen bringen. Dabei haben sich die räumlichen Bedingungen gegenüber früher kaum geändert. Man hat zwar Großraumsporthallen, aber jede einzelne Klasse muss sich im Normalfall mit einem Drittel bescheiden. Da bedarf es schon einiger Kreativität, um in dieser räumlichen Enge das Handballspiel sachgerecht zu entwickeln.

Das ist, wenn man es genau betrachtet, eine Herausforderung für jeden Spieldidaktiker. Denn um die Schule herum in den Vereinen wird oft sehr intensiv Handball gespielt, und zwar in allen Altersstufen und in beiden Geschlechtern. Warum sollen die Kinder und Jugendlichen nicht das sportliche Kulturgut, das ihre Freizeit bestimmt, auch in der Schule wiederfinden? Auch für eine Kooperation von Schulsport und außerschulischem Sport stellt sich hier eine interessante Aufgabe.

Im Unterschied zu den Lehrvorschlägen, die ebenfalls auf spielgemäße Vermittlungskonzepte setzen und das Spielen von Anfang an propagieren, legen wir den Schwerpunkt nicht nur auf das Spielen von Anfang an, sondern auf das Handballspielen von Anfang an. Wir verzichten damit auf viele Kleine Spiele, die im Handball immer wieder ihren Platz finden, aber u.E. diesen Platz nicht brauchen.

Ähnlich wie im Volleyball haben auch die Verantwortlichen im Handball eine Beach-Variante entwickelt. Vielleicht hat diese für die Kinder einen ähnlich durchschlagenden Erfolg wie das Beach-Volleyballspiel. Wir gehen auf dieses Spiel nicht ein, möchten aber darauf hinweisen, dass alle von uns empfohlenen Handballspiele auch im Sand gespielt werden können. Man muss lediglich auf das Prellen verzichten und sich Gedanken um die Gestaltung der Tore machen.

Handball spielgemäß lernen

„Spielen lernt man nur durch Spiel" und „Spiel ist mehr als die Summe seiner Teile". Mit diesen richtungsweisenden Sätzen hat man sich in der Vergangenheit bemüht, die bis dahin traditionelle analytisch-synthetische Methode der Spielvermittlung aufzubrechen. Die Lernenden sollen das zu vermittelnde Spiel von Beginn an wirklich spielen, und sie sollen von Beginn an auch das Gefühl haben, dieses Spiel wirklich zu spielen. Bezogen auf unser Vorhaben heißt das: Die Lernenden sollen von Beginn an wirklich Handball spielen und sie sollen von Beginn an das Gefühl haben, wirklich Handball zu spielen.

Bewährt für ein solches Vermittlungsvorhaben haben sich für alle Großen Sportspiele die sogenannten spielgemäßen Modelle. Dabei geht man davon aus, dass das Spielen-Können in Großen Sportspielen vor allen Dingen durch das Spielen gelernt wird, das Handballspielen demnach durch die aktive Teilnahme an Handballspielen. Die für die Vermittlung notwendigen Spiele werden in einer Spielreihe angeboten, worunter man nach methodischen Kriterien geordnete Spielformen versteht, die von den Lernenden von einer einfachen Grundform am Beginn des Spiellehrganges bis hin zur angestrebten Endform durchlaufen werden.

Für unser Vorhaben stellt sich damit die Aufgabe, kleine Handballspiele zu entwickeln. Die Forderung, von Beginn an wirklich Handball zu spielen, verlangt dabei eine besondere Berücksichtigung spielstruktureller Gesichtspunkte, die Forderung, von Beginn an auch das Gefühl zu vermitteln, wirklich Handball zu spielen, die Berücksichtigung der in der Erfahrung der Lernenden mit dem Handballspiel gewachsenen Vorstellungen richtigen Handballspiels. Die Forderungen markieren die beiden Pole der Konstruktion von Spielen, haben aber je nach Adressatenkreis durchaus ein unterschiedliches Gewicht.

Während man bei den Kleinen davon ausgehen kann, dass sie selbst noch keine Erfahrung mit dem Handballspiel gewonnen haben und Handball spielen für sie etwas ganz Neues ist, muss man bei den älteren Jahrgängen doch mit sehr differenzierten Erfahrungen bis hin zu konkreten Spielaktivitäten im Verein rechnen. Genauso unterschiedlich gestaltet sich die Aufgabe, Spielreihen für die Vermittlung des Handballspiels zu entwerfen. Bei den Kleinen geht es vordringlich darum, objektive Kriterien zu erfüllen, d.h. sie von Beginn an Handball spielen zu lassen, bei den Großen geht es dagegen eher um die Berücksichtigung des subjektiven Kriteriums, d.h. ihnen auch das Gefühl zu vermitteln, von Beginn an wirklich das Spiel zu spielen, das sie als Handballspiel akzeptieren. Aus den dargestellten Gründen kann es bei einem Vermittlungskonzept nie um ein Rezept, sondern immer nur um einen Vorschlag gehen. Jeder Lehrende ist aufgerufen, das Modell auf seinen je spezifischen Adressatenkreis zu übertragen.

Der Satz „Spielen lernt man nur durch Spiel" hat das Spiel in den Mittelpunkt der didaktischen Überlegungen gerückt. Die Erfahrung in der Unterrichtspraxis hat aber schnell gezeigt, dass es so einseitig auch nicht geht, dass ein so komplexes Gebilde wie ein Großes Sportspiel nicht allein durch noch so gut ausgedachte Spiele vermittelt werden kann. Die Spiele der Spielreihe bilden zwar die „Hauptstraße" des Spiellehrganges, sie bedürfen allerdings einer wichtigen Ergänzung. „Spiel ist mehr als die Summe seiner Teile", aber bei der Vermittlung müssen auch diese Teile bedacht werden. Die Teile, das sind die technischen Fertigkeiten und die taktischen Verhaltensweisen. Diese können meistens aus dem Spiel isoliert viel besser und erfolgreicher vermittelt werden. Das geschieht traditionell in Übungsformen, die in spielgemäßen Modellen deshalb auf „Nebenstraßen" ebenfalls einen wichtigen Platz haben. Spiel und Üben sind jeweils so aufeinander zu beziehen, dass in Übungsformen vermittelte technische Fertigkeiten oder taktische Verhaltensweisen das Spielverhalten verbessern oder dass sie als Voraussetzung für das Zustandekommen des Spiels vorab vermittelt werden müssen.

Spielstruktur sowie Technik und Taktik des Handballspiels bedürfen für die Konstruktion des Vermittlungsmodells einer eingehenden Analyse.

Spielstruktur des Handballspiels

Bei der Suche nach spielstrukturellen Gesichtspunkten kommt zunächst die *Spielidee* in den Blick. Denn Handball spielen lernen heißt vor allem, der Idee des Handballspiels gerecht werden. Diese kann wie folgt formuliert werden:

Es gibt ein Spielgerät (den Ball), das in ein Ziel (das Tor) geworfen werden muss, und es gibt jemanden (den Gegner), der das zu verhindern sucht und seinerseits bestrebt ist, ein Tor zu erzielen.

Die Spielidee ist einfach, so dass sie auch von den Kleinsten schon begriffen wird. Man kann wohl davon ausgehen, dass sie den Kindern aus eigener Erfahrung von verwandten Spielen (z.B. Fußball), von ihren Geschwistern oder aus Medien und Fernsehen schon bekannt ist. Und die Spielidee ist herausfordernd. Es gibt eine Reihe von interessanten Aufgabenstellungen, bei denen es um das Erzielen von Treffern geht, die auf Kinder eine große Anziehungskraft ausüben.

Sie entsprechen immer dann der Spielidee des Handballspiels, wenn sie im Wettspiel gegeneinander ausgeführt werden.

Zweites wichtiges Kriterium der Spielstruktur des Handballspiels sind die *Grundsituationen des Spielhandelns*. Ähnlich wie beim Fußballspiel sind je nach Entfernung zum gegnerischen Tor drei voneinander abgrenzbare Handlungssituationen zu unterscheiden:

1. Aufbauen des Angriffs – Stören des Angriffsaufbaus
2. Herausspielen von Wurfgelegenheiten – Abschirmen des Tores
3. Torwurf – Torabwehr

In der Grundsituation *Aufbauen des Angriffs – Stören des Angriffsaufbaus* befindet sich die ballbesitzende Mannschaft noch relativ weit weg vom gegnerischen Tor. Der Ball wird mit Pässen und Dribbeln vorgetragen mit dem Ziel, vor den gegnerischen Torraum zu gelangen. Diese bei vergleichbaren Spielen wie Fußball und Hockey sehr wichtige Grundsituation, aus der heraus als Spiel im Mittelfeld Spielentscheidendes entsteht, hat im Handball nur eine untergeordnete Bedeutung. Oft geht es nur darum, den Raum schnell zu überbrücken oder sich ein bisschen zu sammeln, um konzentriert in die nächste Angriffsaktion zu gelangen.

Die Grundsituation *Herausspielen von Wurfgelegenheiten – Abschirmen des Tores* spielt sich im Handball um den Wurfkreis herum ab. Die ballbesitzende Mannschaft versucht, einen ihrer Spieler durch geschicktes Freilaufen und Anspielen in eine günstige Wurfposition zu bringen, der Gegner dagegen ist bestrebt, dieses durch eine geschickte Deckung zu verhindern. Aus dieser Grundsituation heraus entwickeln sich alle handballtypischen Taktiken und alle technischen Besonderheiten des Passspiels mit seinen Anspielvarianten. Sie bestimmt das Erscheinungsbild des Handballspiels.

Gelingt es einer Mannschaft, einen ihrer Spieler in eine günstige Wurfposition zu bringen, kommt es zur abschließenden Grundsituation *Torwurf – Torabwehr*, zur Auseinandersetzung des Werfers mit dem Torwart. Je nach Position wird der Werfer mit Schlagwurf, Fallwurf, Sprungwurf oder eine ihrer trickreichen Varianten versuchen, den Ball ins Tor zu spielen, während der Torwart bestrebt ist, dieses durch geschicktes Stellungsspiel und reaktionsschnelles Agieren zu verhindern. In dieser Grundsituation ist die Spielhandlung auf die eigentliche Spielidee des Handballspiels, Tore zu erzielen bzw. Tore zu verhindern, reduziert.

Handball spielen heißt, in allen drei Grundsituationen zu spielen. Handball spielen lernen heißt demnach, in diesen Grundsituationen Erfahrungen zu sammeln und sie durch angemessenes Spielverhalten lösen zu lernen.

Kleine Handballspiele

Kleine Handballspiele sind Spielformen, in denen die Spielidee um die Grundsituationen herum verwirklicht wird. Möglich sind *Torwurfspiele*, in denen nur die Grundsituation *Torwurf – Torabwehr* gespielt wird, *Spiele auf ein Tor*, in denen die beiden Grundsituationen *Herausspielen von Wurfgelegenheiten – Abschirmen des Tores* und *Torwurf – Torabwehr* thematisiert werden, und *Spiele auf zwei Tore,* in denen in komplexer Form schon alle drei Grundsituationen gespielt werden. Bei der letzteren komplexesten Form spricht man auch von *konditionalen Vereinfachungen,* bei den ersten beiden von *situativen Vereinfachungen.*

Die *konditionalen Vereinfachungen* sind deshalb von besonderer Bedeutung, weil in ihnen eigentlich schon das ganze Handballspiel gespielt wird, natürlich in einer dem Können der Lernenden entsprechenden Form. *Konditionale Vereinfachungen* werden den oben dargestellten Forderungen, wirklich Handball zu spielen, und auch das Gefühl zu vermitteln, wirklich Handball zu spielen, am besten gerecht. Das Spiel wird wie bei den Großen mit zwei Mannschaften auf zwei Tore gespielt, die von Torwarten gehütet werden. Die Tore sind so weit voneinander entfernt, dass der Raum zwischen ihnen handballtechnisch überbrückt werden muss. Das sind aber schon alle Gemeinsamkeiten. Die Anzahl der Spieler, die Größe des Spielfeldes und die Spielzeit sind genauso variabel wie das Regelwerk und die technischen und taktischen Grundmuster. Diese gilt es so zu wählen, dass sie den Voraussetzungen aufseiten der Kinder und den Bedingungen der Sportstätte gerecht werden.

Spiele auf zwei Tore können jedem Könnensstand angepasst werden und sie sind auf jeder Ausbildungsstufe Ausdruck des Spielkönnens. Sie repräsentieren das eigentliche Handballspiel und sind auf jeder Stufe die entscheidende Bewährungsprobe für den Lernenden. *Spiele auf zwei Tore* sollten deshalb den Bedingungen entsprechend reduziert den Lernprozess auf jeder Stufe begleiten. Sie sind die Hauptstraße unseres Vermittlungsmodells und werden in der Spielreihe 1 „Spiele auf zwei Tore" zusammengefasst.

Die räumlichen Voraussetzungen spielen im Schulsport eine ganz wichtige Rolle. Man wird für das Handballspiel nicht werben können, wenn dafür eine Großraumhalle benötigt wird. Realistische räumliche Bedingungen findet man allenfalls in einem Drittel einer Großraumhalle, d.h. in dem Hallenteil, in dem der normale Sportunterricht stattfindet. Alles, was darin nicht organisierbar ist, stößt im Schulsport auf große Schwierigkeiten und wird sich kaum durchsetzen, wie es das heutige Erscheinungsbild des Handballs in der Schule beweist. Das gilt auch für die *Spiele auf zwei Tore*, die es für eine ganze Klasse unter diesen Bedingungen zu organisieren gilt.

Ein Erfolg versprechender Ansatz ist das Spiel mit reduzierter Spielerzahl, reduzierten Feldmaßen und reduziertem Regelwerk. Solche Bedingungen lassen sich bei den Kleinen in einem Hallendrittel durchaus dreimal nebeneinander organisieren. Als Handballtore haben sich Weichböden bewährt, die den Vorteil mit sich bringen, dass auch scharf geworfene Bälle nur von ihnen abtropfen und nicht ins Feld zurückspringen. Es können jedoch auch Bodenmatten oder Kästen als Tore eingestellt werden.

Auf ein vergleichbares Konzept setzt auch der Deutsche Handballbund, jedenfalls was die Reduzierung der Spielerzahl angeht. Empfohlen wird schon auf einfachstem technischen Niveau das Spiel 4+1, und zwar durchaus als Abschluss jeder Übungsstunde, was auch unserer Intention entspricht (vgl. SCHUBERT / SPÄTE 1998, 237). Auch SCHUBERT und SPÄTE sowie OPPERMANN, SCHUBERT und EHRET 1997 empfehlen das Spiel auf dem Querfeld, allerdings ist damit ein Drittel einer Großfeldhalle gemeint, d.h. ein Feld, das für den Sportunterricht mit 25 bis 30 Kindern insgesamt nur zur Verfügung steht.

Im Sportunterricht gilt es deshalb, diesbezüglich noch eine weitere Reduzierung vorzunehmen. Aber das tut dem Handballspiel der Kleinen erfahrungsgemäß keinen Abbruch und ist erheblich günstiger, als große Teile sitzen zu lassen, während nur jeweils zwei Mannschaften spielen. Das Spiel auf engem Raum hat durchaus auch Vorteile für das Anfängerspiel. Es garantiert eine schnelle Überwindung des Spielfeldes und kommt so dem noch wenig entwickelten Orientierungsvermögen der Kleinen entgegen. Denn jedes zu große Spielfeld birgt die Gefahr, dass die Kinder Orientierungsprobleme bekommen und sich verlieren, und das Spielen des Balles über große Entfernungen führt zu Problemen im

Spielverhalten. Auf kleinen Spielfeldern wird das Mittelfeld schnell überwunden und der Angreifer kommt schneller in Tornähe. Das Spiel wird bezogen auf die technischen und taktischen Anforderungen erheblich dichter. Es kommt zu mehr Ballkontakten und die Handlungssituationen wechseln schneller. Mit anderen Worten: Es ist einfach mehr los auf dem Spielfeld, und das kommt auch der Spielmotivation sehr entgegen.

Das Spiel auf zwei Tore garantiert von Beginn an richtiges Handballspiel, allerdings müssen einige Voraussetzungen bedacht werden, damit es einen ernsthaften Rahmen bekommt und das Spielen aufgrund von Anfängerfehlern nicht zu oft unterbrochen wird. Zu ersterem gehören die objektiven Bedingungen. Diese werden durch ein richtiges Tor (Weichboden) und durch eingeklebte Bodenmarkierungen für den Wurfkreis bereit gestellt. Zu letzterem gehört besondere Auslegung des Regelwerkes. Günstig ist es einerseits, Körperkontakte zunächst ganz zu verbieten, und andererseits, beim Spielen des Balles eine großzügige Regelauslegung zu praktizieren.

Torwurfspiele und *Spiele auf ein Tor* sind *situative Vereinfachungen*. Sie repräsentieren die Spielidee sowie bestimmte spieltragende Situationen des Handballspiels. Als solche haben sie vor allen Dingen ergänzende Funktion, wenn es um die spielgemäße Anwendung von Techniken oder taktischen Verhaltensweisen geht. Bei zeitlich begrenztem Einsatz ist auch mit diesen Spielen echtes Handballspielen zu erreichen.

Situative Vereinfachungen thematisieren bestimmte Ausschnitte des Handballspiels. Zu diesen gehören in erster Linie wichtige Standardsituationen. Wer das Handballspiel beobachtet, bemerkt immer wieder auftretende Konstellationen, die sich beim Herausspielen der Wurfgelegenheiten ergeben und ein bestimmtes Handeln der Spieler erfordern. Solche Standardsituationen gibt es im Handballspiel mit zunehmender Komplexität.

Die einfachste Standardsituation ist die Auseinandersetzung *1 gegen 0*, bei der der Angreifer seinen Verteidiger abgeschüttelt hat und nur noch gegen den Torwart agiert. Das *1 gegen 0* führt zu den Torwurfspielen, bei denen ein Angreifer gegen einen Torwart antritt. In Torwurfspielen finden alle Arten des Werfens und alle Arten der Torwurfvorbereitung ihren Platz. Thematisiert werden der Wurf aus dem Stand und der Wurf aus dem Anlauf, das Werfen mit rechts und das Werfen mit links, der Sprungwurf und der Fallwurf, der Torwurf aus dem Zupassen und der aus dem Freiprellen. Torwurfspiele eignen sich ausgezeichnet für Spielturniere, bei denen jeder gegen jeden und auch Mannschaften gegeneinander antreten, letzteres z.B. in der Weise, dass jeweils gegen den Torwart der anderen Mannschaft gespielt wird. Die Auseinandersetzung Werfer - Torwart kann auf ein Tor oder auch auf zwei gegenüber stehende Tore organisiert werden und ist in jedem Hallendrittel auf mehreren Feldern problemlos möglich.

Als Tore können auch hier Weichboden, Turnmatten oder Kasten gewählt werden.

Torwurfspiele sollen in unserem Lehrvorschlag einen besonderen Platz erhalten. Sie werden in der **Spielreihe 2: „Torwurfspiele"** zusammengefasst.

Weitere, an Komplexität zunehmende Standardsituationen vor dem gegnerischen Tor sind das *1 gegen 1*, die Auseinandersetzung des Angreifers gegen seinen direkten Gegenspieler, das *2 gegen 1*, bei dem zwei Angreifern nur ein Gegenspieler gegenüber steht, sowie das *2 gegen 2*, bei dem zwei benachbarte Angreifer sich ihren direkten Gegenspielern gegenüber sehen. Zu ihnen gehören auch die Spielsituationen *3 gegen 2* und *3 gegen 3*, bei denen zusätzlich zum Zusammenspiel zweier Spieler noch eine weitere Anspielstation überraschend genutzt werden kann.

In allen diesen Standardsituationen geht es um besondere technische und taktische Schwerpunkte. Beim *1 gegen 1* sind es in der Auseinandersetzung des Angreifers mit seinem direkten Gegenspieler vor allem individualtaktische Verhaltensweisen im Angriff und in der Verteidigung, aber auch technisches Verhalten in beiden Positionen. Im technischen Bereich geht es insbesondere um Varianten des Torwurfes und auch um Finten beim Durchbrechen und Freiprellen zum Tor. Bei allen komplexeren Formen geht es insbesondere um taktische Schwerpunkte des Zusammenspiels im Angriff und in der Verteidigung. Je nach Anzahl der Spieler und dem Verhältnis von Angriffsspielern und Verteidigern sind diese sehr unterschiedlich.

Alle beschriebenen Standardsituationen können in *Spielen auf ein Tor* thematisiert und in ihren taktischen Besonderheiten schwerpunktmäßig herausgearbeitet werden. Sie werden in unserem Lehrvorschlag in der **Spielreihe 3: „Spiele auf ein Tor"** zusammengefasst.

Die von Anfängern am ehesten spielbaren Standardsituationen sind diejenigen, die sich durch Überzahl im Angriff auszeichnen. Der Angreifer hat es in Überzahl leichter, gegen den Verteidiger erfolgreich zu sein. Bei Anfängern bedeuten die Verhältnisse 2 : 1 und 3 : 2 aber nur eine leichte Verschiebung hin zu den Angreifern, weil ihr noch wenig ausgeprägtes technisches Vermögen das zahlenmäßige Übergewicht noch wenig zum Tragen kommen lässt. Dementsprechend schwieriger hat es der Angreifer in den drei Gleichzahlsituationen *1 gegen 1*, *2 gegen 2* und *3 gegen 3*, die deshalb erst auf der Grundlage entsprechender Voraussetzungen gespielt werden können.

Bei allen Spielformen auf ein Tor hat der ballführende Spieler die Entscheidung zu treffen, ob er den Ball dem freistehenden und freilaufenden Mitspieler zupasst oder ob er, wenn sich gegen den Verteidiger eine Chance zum Durchbruch ergibt, den Weg zum Tor allein sucht. Während es das Ziel es sollte, immer den für den Spielerfolg günstigsten Weg einzuschlagen, steckt in jeder noch so komplexen Spielform immer auch der Reiz der direkten Auseinandersetzung *1 gegen 1*, des Angreifers gegen den ihn angreifenden Verteidiger.

Damit bei Spielen auf ein Tor nicht nur einzelne Spielaktionen aneinandergereiht werden, die bei Ballverlust oder Torerfolg ihr Ende finden, müssen Überlegungen angestellt werden, wie eine Spielsymmetrie erzeugt werden kann, die den Spielfluss über längere Zeit erhält. Bei Spielen mit Gleichzahl, bei denen mit festem Torwart gespielt wird, wechseln die Mannschaften nur ihre Positionen, d.h. der Angreifer wird zum Verteidiger und umgekehrt. Der Ball wird z.B. von hinter einer festgelegten Position wieder ins Spiel gebracht. Bei Überzahlspielen kann das in der Weise geschehen, dass jeweils Paare oder Dreiergruppen gegeneinander antreten. Die verteidigende Mannschaft stellt einen Spieler ins Tor, die anderen sind Verteidiger. Wenn die angreifende Mannschaft ein Tor erzielt oder den Ball verliert, wechselt sie in die Verteidigung und ins Tor. Der Ball wird vom neuen Angreifer hinter einer festgelegten Linie wieder ins Spiel gebracht.

Damit sind die kleinen Handballspiele, aber auch ihre Beziehungen zueinander dargestellt. Auf der Hauptstraße schreitet der Spiellehrgang mit den *Spielen auf zwei Tore* voran. Sie bilden die eigentliche Spielreihe von einer einfachen, von allen Lernenden spielbaren Grundform bis hin zur erreichbaren Endform. Die anderen kleinen Handballspiele, das sind die *Torwurfspiele* und die *Spiele auf ein Tor,* sind in erster Linie als spielgemäße Ergänzungen zu verstehen, die immer dann zum Einsatz kommen, wenn es um die Vermittlung von bestimmten technischen Fertigkeiten und taktischen Verhaltensweisen geht. Schwerpunkte bei den *Torwurfspielen* sind naturgemäß die Wurfarten und ihre Vorbereitungen, Schwerpunkte bei den *Spielen auf ein Tor* das taktische Verhalten in Angriff und Abwehr in wichtigen Standardsituationen sowie in mannschaftstaktischen Auseinandersetzungen am Wurfkreis.

Das Üben ergänzt das Spielen

Zweiter wichtiger Baustein für den Spiellehrgang ist neben dem Spielen das Üben. Kein spielgemäßes Modell zur Vermittlung eines Sportspiels verzichtet auf das Üben. Im Gegenteil: Die Bezeichnung „spielgemäß" ist namengebend für genau die Lehrvorschläge, die ihren Weg in einer Verbindung von Spiel und Üben wählen und diese auch nicht aufgegeben haben in einer Zeit, in der das Üben als nicht kindgemäß verpönt war. Spielgemäße Vorgehensweisen grenzen sich damit gegenüber den Lehrvorschlägen ab, die die Erreichung des Ziels allein durch das Spielen in Aussicht stellen. Der Grund liegt im Wesentlichen darin, dass man nicht erwartet, einen so komplexen Lerngegenstand wie ein Sportspiel nur durch Spielen sach- und fachgerecht vermitteln zu können, eine Erkenntnis, die in der Praxis ihre Bestätigung findet.

Das Üben ist immer dann erforderlich, wenn Ausführungen der Wiederholung bedürfen, um gelernt zu werden, und das ist bei fast allen zu erwerbenden technischen Fertigkeiten der Fall. Lernen ohne Üben verspricht keinen umfassenden Erfolg. Das Üben ist aber auch immer dann erforderlich, wenn die Kinder selbst merken, dass es der Wiederholung bedarf, um ein bestimmtes Können zu erwerben. Das Üben hat demnach eine funktionale und eine psychologische Bedeutung. Die funktionale ist auf den Lernprozess ausgerichtet, die psychologische auf die Ernsthaftigkeit der Auseinandersetzung mit dem Lerngegenstand.

„Nochmal ... nochmal" beschreibt ELSCHENBROICH (2001, 191) die Forderungen von Kindern und zeigt damit auf, dass das lange Zeit verpönte Wiederholen für Kinder durchaus etwas Lustvolles hat. Das führt gleichzeitig zu der Frage, ob Üben nicht ein eher spontanes Bedürfnis für Kinder ist, das erst mit der Übernahme der Einstellung von Erwachsenen als monoton und langweilig angesehen wird. Dass Kinder nur spielen wollen, ist - so eine derzeit reifende Erkenntnis - wohl eher eine Fiktion von Erwachsenen. Kinder spielen eigentlich nie. Das Spiel von Kindern ist immer Arbeit und immer mit Lernen und mit großem Ernst und Eifer verbunden. Und Kinder wollen keinen Spaß. Sie wollen, wie alle gesunden Menschen, ernsthaft gefordert werden, sie wollen eine richtige Aufgabe, bei der sie ihre Kräfte spüren und auch einmal an ihre Grenzen stoßen können. Ein Kind, so ELSCHENBROICH, sollte sagen können: *„Das kann ich ziemlich gut, denn das habe ich geübt"* und *„Das möchte ich können, das werde ich üben."*

Das Üben gewährt dem Kind die *„Erfahrung einer Durststrecke"* mit einem *„Ziel vor Augen"* (ELSCHENBROICH 2001, 32). Dieses ist eine wichtige Erfahrung in seiner Entwicklung. Sie führt zu einem verantwortungsvollen Umgang mit dem eigenen Können und die für sein Zustandekommen notwendigen Anstrengungs- und Leistungsbereitschaft, mithin zur Übernahme der Verantwortung für das eigene Produkt. Darüber hinaus ist sie eine wichtige Voraussetzung dafür, mit den eigenen Schwächen als auch mit den Stärken anderer besser umgehen zu können. Mit ihrer Hilfe kann es gelingen, die gegensätzlichen Fähigkeiten *„gewinnen wollen und verlieren können"* (DETTLING in ELSCHENBROICH 2001, 76) gleich stark auszubilden und die Kinder zu einer realistischen Einschätzung von Anstrengungs- und Leistungsbereitschaft sowie der aus ihrem Einsatz resultierenden Leistungsfähigkeit zu führen. Dass solche Angebote Anreize, Ermutigungen und auch Vorbilder brauchen, versteht sich von selbst. So weit einige grundsätzliche Bemerkungen, die man uns nachsehen möge!

Lerntheoretisch ist das Üben bei der Vermittlung eines Sportspiels in dreifacher Hinsicht von Bedeutung. Im Einzelnen geht es um die Bereiche *Ballgewöhnung, Ergänzung* und *Vertiefung.*

Eine *Ballgewöhnung* ist in jedem Sportspiel ein wichtiges Thema. Es geht dabei darum, die Eigenschaften des fliegenden, rollenden, springenden Balles kennen zu lernen, den Umgang mit dem Ball körperlich zu erfühlen und sich auf das Verhalten des Balles einzustellen und dieses zu antizipieren. Alle Großen Mannschaftsspiele verlangen die kompetente Handhabung eines Spielgerät. Jeder

Ball, ob Fußball, Basketball, Volleyball oder Handball, ist anders, fasst sich anders an, fühlt sich anders an, springt anders, reagiert anders und wird anders gehandhabt. Zielsetzungen des Übens zur *Ballgewöhnung* sind die Erarbeitung von Sicherheit im Umgang mit dem Ball sowie die Herausbildung eines umfassenden Ballgefühls.

Eine *Ergänzungsfunktion* hat das Üben immer dann, wenn technische Voraussetzungen erst noch gelernt werden müssen, um ein Zustandekommen eines Spiels zu garantieren. Das ist im Handball von nicht so großer Bedeutung wie etwa im Volleyball, Hockey oder Basketball, bei denen die richtige Ausführung der Techniken fest im Regelwerk verankert ist. Wenn Kinder Werfen und Fangen können, sind schon die wichtigsten Grundlagen für einfachste Formen des Handballspiels erreicht. Aber selbst diese Fertigkeiten bedürfen oft der Vorbereitung.

Als sinnvolle und von den Schülerinnen und Schülern akzeptierte *Ergänzung* wird das Üben immer dann erfahren, wenn die eigene Unvollkommenheit das Spiel behindert, wenn Werfen und Fangen z.B. noch nicht so entwickelt sind, dass sie einen zufriedenstellenden Spielfluss garantieren, und wenn keine richtige Freude am Spiel aufkommt, weil die fehlenden technischen Voraussetzungen den Spielern das Spiel verleiden. Konsequent ist es dann, die technischen Elemente gesondert zu üben und sie danach wieder verbessert ins Spiel einzubringen. Die Motivation solchen Übens entsteht aus dem Bewusstwerden des spielbehindernden Mangels, denn es wird dann nicht als fremde Anforderung, sondern als etwas für das Spiel Notwendiges und im Dienst des Spiels stehend erfahren. Für das Üben werden kleine und kleinste Spielausschnitte und technische Elemente aus dem Spiel herausgeschnitten, in Übungsformen thematisiert und dann verbessert dem Spiel wieder zugefügt.

Wenn die Schülerinnen und Schüler in einem späteren Stadium schon über ausreichende Erfahrungen verfügen, hat sich auch eine verbesserte Motivation für das Üben herausgebildet. Jetzt geht es um die *Vertiefung* und Vervollkommnung des technischen und des taktischen Niveaus. Die Freude am Spiel kommt jetzt besonders dann auf, wenn auch das technische Niveau stimmt, wenn der Ball beherrscht wird, wenn auch ausgefallene Varianten und Kabinettstückchen gelingen. Die Bereitschaft, diese gesondert zu üben, damit sie auch im Spiel zur Verfügung sind, ist in diesem Stadium uneingeschränkt vorhanden.

Eine über die bisher genannten Schwerpunkte hinausgehende Zielsetzung erhält das Üben, wenn koordinative Aufgaben in den Mittelpunkt rücken. Die eher für eine allgemeine Spielfähigkeit, für eine Grundausbildung über alle Sportspiele und eine integrative Spielerziehung reklamierte Schwerpunktsetzung (vgl. MEDLER/ SCHUSTER 2002) hat natürlich auch in jedem einzelnen Sportspiel einen wichtigen Platz, wenn dieses allein Ziel des Vermittlungsanliegens ist. Die

Schwerpunktsetzung im koordinativen Bereich zielt auf eine gesteigerte Lernfähigkeit innerhalb des Sportspiels selbst als auch auf einen positiven Lerntransfer für andere Sportspiele. Das ist vor allem in der Schule von Bedeutung, da dort vieles nur exemplarisch angeboten werden kann.

Koordinative Schwerpunkte sorgen für Vielseitigkeit im Lernprozess. Sie sind die Voraussetzung für die Vermittlung einer gewissen „Leichtigkeit im Umgang mit verschiedensten Situationen, eine individuelle, situativ variable Verfügbarkeit des Erlernten und eine entsprechend ausgeprägte Anpassungsfähigkeit" (MEDLER / SCHUSTER 2002, 16). Im Handball haben insbesondere die für die Zielschussspiele herausgearbeiteten Übungsschwerpunkte eine große Bedeutung.

Im Einzelnen geht es um die Berücksichtigung und Einbeziehung der für den Schulsport relevanten koordinativen Fähigkeiten (vgl. HIRTZ 1985 und 1995) *Orientierungsfähigkeit, Differenzierungsfähigkeit, Gleichgewichtsfähigkeit, Reaktionsfähigkeit und Rhythmus- und Rhythmisierungsfähigkeit.* Für eine Vertiefung der Thematik wird auf das von MEDLER / SCHUSTER herausgegebene Buch „Ballspielen" verwiesen. Jede dieser koordinativen Fähigkeiten braucht die besondere Aufmerksamkeit des Lehrers. Koordinative Schwerpunkte im Übungsprozess zu setzen bedeutet, Aufgabenstellungen zu formulieren, in denen einfache und beherrschte Fertigkeiten im Zusammenhang unter erschwerten und ungewohnten Bedingungen zur Anwendung kommen.

Technik des Handballspiels

Auch wenn in großen Handballspielen vor allem bei Würfen auf das Tor und auch bei manchem Anspiel gezaubert wird, ist die technische Grundstruktur doch relativ einfach, viel einfacher jedenfalls als die des Basketball- oder des Volleyballspiels. Das gilt auch für die relativ große Bewegungsfreiheit, die ein Ballbesitzer hat, darf er doch mit dem Ball in der Hand volle drei Schritte machen, und der Ballannahmeschritt gehört noch nicht einmal dazu.

Die Technik des Handballspiels umfasst verschiedene Arten des Werfens, das Passen und Fangen und das Prellen. Für den Anfängerbereich sind die Techniken von Bedeutung, die notwendig sind, ein einfaches Handballspiel zu garantieren. Dazu gehören auf jeden Fall das Passen und Fangen und einfache Formen des Werfens.

Die groben Formen dieser Techniken bringen die Kinder schon mit. Jedes Kind kann mindestens ein bisschen Werfen, und das Prellen des Balles gehört auch schon zu seinem Bewegungsrepertoire. Das Prellen hat eine besondere Bedeutung für den Umgang mit dem Ball und die Ballgewöhnung und muss deshalb von Beginn an berücksichtigt werden. Verzichtet werden kann am Anfang auf spezielle Formen des Werfens. Eine Motivation für diese erwächst im Fortgang des Lehrgangs von allein.

Werfen

Das Werfen ist das zentrale technische Element innerhalb der Grundsituation *Torwurf – Torabwehr*. Für erste Torwürfe im Sinne der Spielidee reichen der Wurf aus dem Stand und der Wurf aus dem Anlauf aus. Besondere Würfe des Handballspiels sind der Sprungwurf und der Fallwurf. Für beide gibt es eine Vielzahl von Variationen. Der Sprungwurf unterstreicht die Dynamik des Spiels in Richtung des gegnerischen Tores. Er gerät auch bei der mit Anfängern bevorzugten Manndeckung schon sehr schnell in den Blick, weil es doch hin und wieder gelingt, sich von seinem Gegenspieler zu lösen und an ihm vorbei in Richtung des Tores zu ziehen. Der Fallwurf dagegen wird erst dann interessant, wenn die gegnerische Verteidigung um den Kreis herum steht.

Passen und Fangen

Passen und Fangen sind die grundlegenden Techniken im mannschaftlichen Zusammenspiel. Vor allem das sichere Fangen ist Voraussetzung für den Erhalt des Ballbesitzes. Aus technischer Sicht ist das Fangen flacher Bälle von dem hoher Bälle zu unterscheiden. Ein Verzicht auf diese Unterscheidung birgt die Gefahr von Fingerverletzungen.

Gepasst wird direkt oder indirekt über den Boden mit dem von den Kindern schon in der Grobform beherrschten Schlagwurf. Fehler beim Vorsetzen des falschen Beines, die heute, weil Kinder in ihrer Freizeit weniger werfen, häufiger auftreten als früher, können durch entsprechende Übungsformen abgestellt werden.

Prellen

Das Prellen ist für den ballbesitzenden Spieler die einzige Möglichkeit, seinen Platz zu wechseln. Der Ball wird mit rechts, mit links oder abwechselnd mit rechts und links geprellt. Das Prellen hat im Handball aber nicht die Bedeutung wie z.B. im Basketball, bei dem mit gekonntem Dribbeln und ideenreichem Einzelspiel so manche spielentscheidende Situation herausgespielt werden kann. Schon die Bezeichnung Prellen im Gegensatz zu der im Basketball verwendeten

Bezeichnung Dribbeln deutet auf diesen Unterschied hin. Der relativ kleine Handball eignet sich wenig zum Prellen, und die Handballregeln geben dem Gegenspieler viel mehr Möglichkeiten des Eingreifens. Häufig wird der Ball nur ein einziges Mal auf den Boden geprellt, ein mehrfaches Prellen ist relativ selten. Es wird bevorzugt beim schnellen Gegenstoß angewandt, wenn kein Verteidiger den Weg zum Tor verstellt.

Im Anfängerspiel, in dem noch mit einer Manndeckung als Mannschaftstaktik gespielt wird, hat das Prellen aber eine größere Bedeutung. Hier bietet es dem Ballbesitzer, der etwa ab der Mittellinie von seinem Gegenspieler in Empfang genommen wird, die Möglichkeit, sich in Richtung des freien Raumes oder des Tores frei zu prellen. Es entsteht jedoch die Gefahr, dass der ballverliebte Anfänger dazu neigt, das Prellen zu übertreiben. Deshalb ist es auch im Anfängerspiel ratsam, das Prellen mit Einschränkungen zu belegen oder zunächst sogar ganz zu verbieten, bis die Idee des Zusammenspielens Fuß gefasst hat.

Besondere Bedeutung hat das Prellen im Zusammenhang mit der Ballgewöhnung. Der intensive Umgang mit dem Ball ist die Voraussetzung für die Erarbeitung des Ballgefühls und der Vertrautheit mit dem Spielgerät. Auch wenn man im Spiel auf das Prellen verzichtet, hat es im Übungsbereich eine herausragende Bedeutung.

Taktik des Handballspiels

Die Taktik des Handballspiels, d. h. das darauf gerichtete Verhalten, gegen den Gegenspieler in Angriff und Abwehr möglichst erfolgreich zu agieren, unterscheidet individualtaktische, gruppentaktische und mannschaftstaktische Spielfähigkeit.

Die individualtaktische Spielfähigkeit konkretisiert sich in der Auseinandersetzung des einzelnen Spielers mit seinem Gegenspieler. Es geht darum, die eigenen Stärken möglichst effektiv einzusetzen und die Schwächen des Gegenspielers auszuforschen und auszunutzen, den Gegner zu falschem Handeln zu provozieren und durch Täuschungen in eine Falle locken sowie die eigenen Absichten möglichst spät erkennen zu lassen und den Gegenspieler zu überraschen.

Individualtaktisches Verhalten bestimmt die Standardsituation *1 gegen 1*, die direkte Auseinandersetzung des ballbesitzenden Spielers mit seinem Gegenspieler. Bei der Entwicklung hin zum Torwurf ist diese Auseinandersetzung von ausschlaggebender Bedeutung für den Erfolg des Spiels.

Gruppentaktisches Verhalten ist die nächst größere Einheit der Taktik des Handballspiels. Es ist die Voraussetzung für das Zusammenspiel in Angriff und Abwehr. Wenn zwei Angreifer gut zusammenspielen, vermehren sie die Chancen der ballbesitzenden Mannschaft auf dem Weg zum Torerfolg. Zwei gut zusammenspielende Verteidiger dagegen können die Aktionen des Angreifers einschränken oder verhindern.

Im Anfängerspiel geht es noch nicht um Spezielles, sondern lediglich um die Grundlagen gruppentaktischen Verhaltens. Dazu gehören im Angriff das *Freilaufen und Anbieten*, wenn der Mitspieler Hilfe braucht oder wenn der Angriff neu aufgebaut werden muss, das *Erkennen von Situationen*, in denen der Mitspieler besser postiert ist und das *Doppelpassspiel*, um einen Gegenspieler abzuschütteln. In der Abwehr geht es vor allem darum, *dem Mitspieler zu helfen*, wenn der Angreifer das Tor zu sehr bedroht, um so einen Torwurf zu verhindern, einen Angreifer „*in die Zange zu nehmen*", wenn die Situation es erlaubt, oder *einen Angreifer zu übernehmen*, wenn die Situation dazu zwingt.

Gruppentaktisches Verhalten bestimmt die Standardsituationen vom *2 gegen 1* bis zum *3 gegen 3*, wobei die Formen mit einer Überzahl im Angriff das Angreiferverhalten und die Formen mit Gleichzahl eher das Verteidigerverhalten betonen. Ein sinnvoller Ort des Lernens gruppentaktischen Verhaltens sind die diesen Standardsituationen entsprechenden Spiele auf ein Tor. In ihnen sammelt der Anfänger Erfahrungen, um bestimmtes Spielverhalten je nach dem Verhalten der Gegenspieler einzusetzen und entsprechend den Erfordernissen des Spiels schnell zu entscheiden.

Individualtaktik und Gruppentaktik ordnen sich schließlich ein in ein übergeordnetes System: die Mannschaftstaktik. Sie bestimmt den Ordnungsrahmen für die Angriffs- und Abwehrformation der ballbesitzenden bzw. der verteidigenden Mannschaft. Während das Große Handballspiel mannschaftstaktisch durch Spielsysteme gekennzeichnet ist, die in Zahlen ausweisen, wie die Spieler um den Wurfkreis herum positioniert sind, wie viele von ihnen eng am Kreis stehen und wie viele weiter weg, und die Taktik im Wesentlichen durch das Positionsspiel und einer zugeordneten Raumaufteilung gekennzeichnet ist, ist es im Anfängerspiel günstig, mit Manndeckung zu spielen. Das Systemspiel mit festen Positionen erreichen wir in diesem Lehrvorschlag erst im Zielspiel.

Die Manndeckung ordnet jedem Spieler einen Gegenspieler zu und damit jedem mannschaftlichen Konzept im Angriff auch ein mannschaftliches Konzept in der Abwehr. Vorteil dieser direkten Zuordnungen ist, dass jeder Spieler von Beginn an eine überschaubare Verantwortung hat, dass er in dieser Verantwortung lernt, das Spiel zu lesen, weil er den Gegenspieler und sein Verhalten ständig beobachten muss, und dass der Gefahr stereotypen und starren Verhaltens von Beginn an begegnet wird, weil die Spieler nicht in ein „taktisches Korsett" gepresst werden, aus dem sie nicht mehr ausbrechen dürfen.

Das defensive Abwehrspiel am Kreis gewährt im Angriff eher freie Zuspielmöglichkeiten. Die Spieler können ihren Angriff ungehindert aufbauen, was jedoch nicht dazu führen würde, dass Kinder lernen, sich gegen einen Gegenspieler freizulaufen und anzubieten und auch ohne Ball mitzuspielen. Und am Kreis selbst beginnt das unattraktive „Hacken" und Schubsen in einem nicht kindgemäßen System. Die Abwehrspieler würden nicht gefordert, individualtaktisch auf ihren Gegenspieler zu reagieren, und sie würden die Möglichkeiten des Ballgewinns kaum erlernen.

Im Gegensatz dazu werden durch die Manndeckung Spielfreude und Eigeninitiative gestärkt. Das Spiel mit Manndeckung ist offener, freier und variabler als das Spiel in festen Abwehrformationen und wird der Zielsetzung des Lernens taktischen Verhaltens auf dieser Stufe des Spielen-Könnens am meisten gerecht. Individualtaktik und Gruppentaktik behalten ein von jedem Spieler wahrnehmbares besonderes Gewicht. Die Gefahr der „Pulkbildung" ist uns bei der Manndeckung schon bewusst. Durch gezielte Übungsformen zum Freilaufen und Anbieten sowie durch taktische Anweisungen kann diesem Phänomen jedoch entgegengewirkt werden.

Es gibt also eine Reihe von Gründen, mit der Manndeckung zu beginnen und den Anfängern nicht schon die Raumdeckung auf festen Positionen zuzumuten:

- Die Manndeckung bedeutet eine 1 gegen 1 - Abwehr in allen Räumen und fordert jeden einzelnen Spieler *zum aktiven Agieren gegen seinen festen Gegenspieler* heraus.
- In den Spielpaarungen 1 gegen 1 geht es *aktiv um den Ballgewinn*. Das *motiviert* die Spieler in Angriff und Abwehr.
- Manndeckung bedeutet aktives Spielverhalten, sowohl im Angriff als auch in der Abwehr. Es kommt dem Spiel- und Bewegungsdrang der Kinder entgegen.
- Die Manndeckung als Grundlage des mannschaftlichen Zusammenspiels fordert das *Spiel ohne Ball* heraus.
- Die Manndeckung bedeutet den *Verzicht auf wechselnde Gegenspieler*. Der Anfänger behält den Überblick über das taktische Geschehen und seine Aufgabe.
- Die Manndeckung bedeutet *Spiel ohne taktische Zwänge*, sodass *Kreativität, Eigeninitiative* und die *Übernahme von Verantwortung* im Mittelpunkt stehen.

Die räumlichen Voraussetzungen

Wie schon erwähnt, spielt die Berücksichtigung der räumlichen Voraussetzungen im Schulsport für die Realisierung und den Erfolg eines Lehrvorschlages eine ganz wichtige Rolle. Das Handballspiel wird sich in der Schule nicht durchsetzen können, wenn dafür eine Großraumhalle benötigt wird. Realistische räumliche Bedingungen findet man allenfalls in einem Drittel einer Großraumhalle, d.h. in dem Hallenteil, in dem der normale Sportunterricht stattfindet. Alles, was darin nicht organisierbar ist, stößt im Schulsport auf große Schwierigkeiten und wird sich im normalen Sportunterricht, d.h. als Sportspiel für alle, nicht durchsetzen, wie es das heutige Erscheinungsbild des Handballs in der Schule beweist. Das gilt auch für die *Spiele auf zwei Tore*, die es für eine ganze Klasse unter diesen Bedingungen zu organisieren gilt.

Natürlich wird für ein Schulturnier auch die gesamte Halle zur Verfügung stehen, und man wird das Turnierspiel im Querbetrieb in der großen Halle realisieren können. Das wird aber die Ausnahme sein. Der Normalfall ist eine Drittelhalle. Deshalb bezieht sich unser Lehrvorschlag auch auf diesen Normalfall.

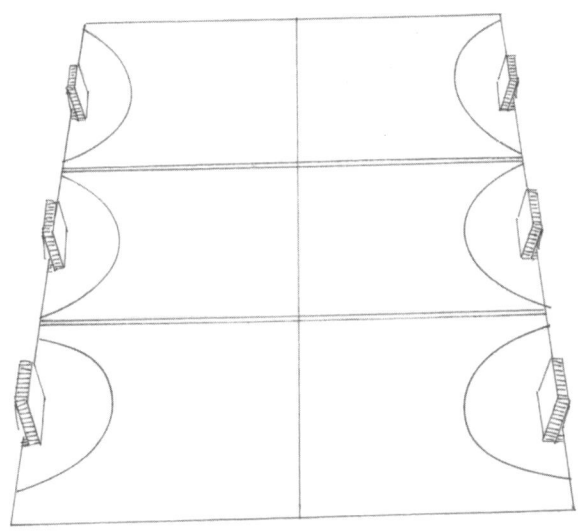

Spiel auf drei Feldern quer in einer Drittelhalle

Grundsätzlich erlaubt die Drittelhalle beim Handballspiel mit den Kleinen verschiedene Feldeinteilungen, die unseren Grundsatz, alle Schüler gleichzeitig zum Spielen zu bringen, möglich machen. Die erste ist das Spiel auf drei Feldern quer. Der sich ergebende Raum ist für die kleinen Spielanfänger bis hin zur 6. Klasse groß genug, um ein handballspezifisches Spiel ins Leben zu rufen, wenn ohne Prellen und mit Manndeckung gespielt wird. Die Tore werden durch Weichboden oder durch harte, wenig biegbare Matten gestellt.

Ebenfalls möglich ist das Spiel auf zwei schmalen Längsfeldern nebeneinander. Das langgestreckte Spielfeld verändert die Perspektive des Spiels und lässt die Einführung des Prellens als ein sinnvolle Maßnahme erscheinen.

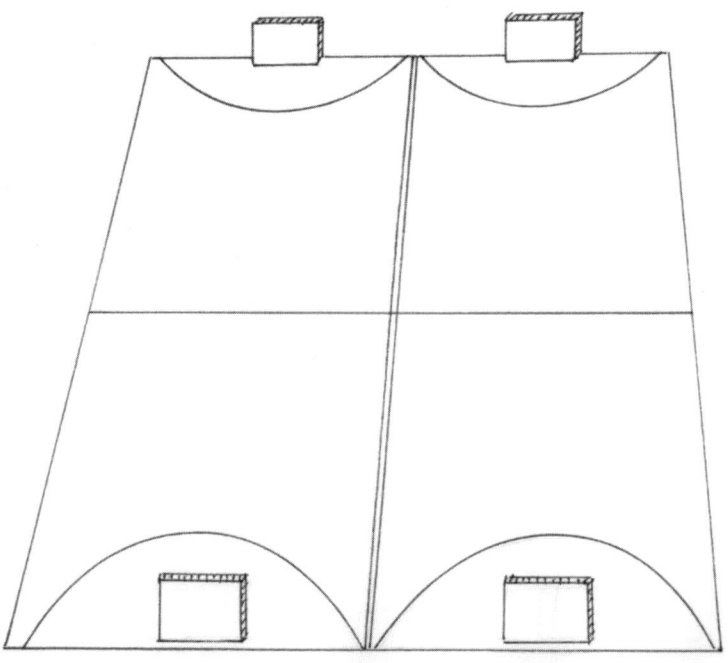

Spiel auf zwei Feldern längs in einer Drittelhalle

Eine andere perspektivische Erweiterung erzeugt man beim Spiel auf zwei quer eingerichteten Feldern. Das Spiel öffnet sich mehr in die Breite. Mehr Tiefe ist wegen des begrenzten Raumes nicht zu bekommen, dennoch bietet dieses Spiel eine sinnvolle Alternative. Gespielt wird mit allen bis dahin vermittelten technischen Möglichkeiten, aber noch mit Manndeckung.

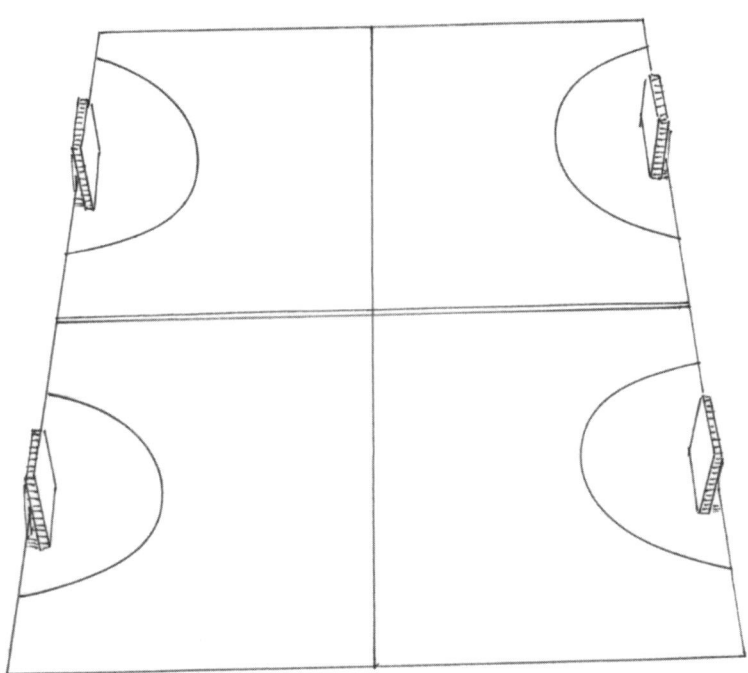

Spiel auf zwei Feldern quer in einer Drittelhalle

Weitere räumliche Varianten ergeben sich, wenn zwei Drittelhallen zur Verfügung stehen. Hier mag der Lehrende seine eigenen Erfahrungen in den Lehrvorschlag mit einbeziehen.

Das Spiel auf dem großen Feld ist die Ausnahme, es ist aber das Zielspiel dieses Lehrvorschlages. Erst auf dem großen Feld ist es sinnvoll, von der Manndeckung wegzurücken und zum ersten Systemspiel zu kommen.

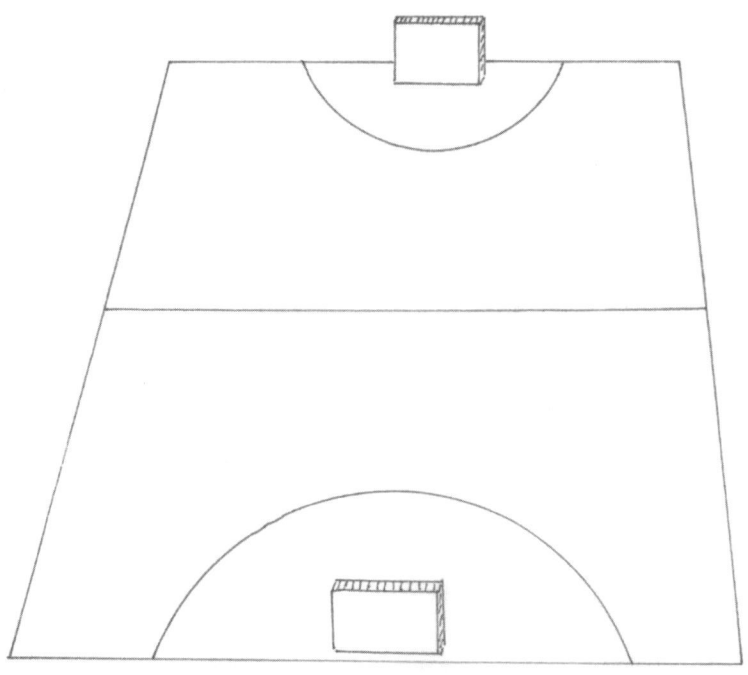

Spiel in einem Hallendrittel

Materialien und Rahmenbedingungen

Nachdem die räumlichen Bedingungen, unter denen der Lehrvorschlag durchgeführt werden soll und aus schulorganisatorischen Gründen auch durchgeführt werden muss, ist es auch zwingend, sich über die Materialien und die Rahmenbedingungen Gedanken zu machen. In einem einzigen Hallendrittel muss ständig improvisiert werden, und die gewählten Maßnahmen müssen trotzdem zur Routine werden. Im Handball geht es dabei insbesondere um den Torraum, das Tor und den Ball.

Der Torraum: Im Anfängerunterricht sollte der Torraum zunächst nicht mehr als 4 m betragen. Im weiteren Verlauf des Spiellehrganges kann der Wurfkreis oder die Wurflinie je nach Leistungsstand und Raumgegebenheiten auf 5 m erweitert werden. Die Torraumbegrenzung muss nicht zwingend halbkreisförmig verlaufen. Die Form des Wurfkreises hängt auch von der Breite des Spielfeldes ab. Bei schmalen Spielfeldern sind gerade Linien quer über das Spielfeld angemessen. Gerade Linien sind teilweise in Hallen vorhanden oder können relativ einfach und schnell mit Klebeband, Bauband (das zusätzlich mit Klebesteifen am Boden fixiert wird), Matten, Gummistreifen oder Seilen markiert werden.

Die Außenlinien der Spielfelder können mit Hilfe von Hütchen oder Tischtennistrennwänden gekennzeichnet werden.

Das Tor: Um in diesem Spiellehrgang „richtig" Handball spielen zu können, ist es wichtig auch auf „richtige" Tore zu spielen. In der Regel sind keine altersgerechten Tore (1,60m x 3,00m) in ausreichender Anzahl vorhanden. Alternativ können große Kästen, feste Turnmatten (senkrecht an die Wand gestellt) sowie Weichbodenmatten genutzt werden. Bewährt haben sich Weichbodenmatten, die mit Hilfe von Baubändern in der Höhe auf 1,60m begrenzt sowie je nach Leistungsstand auch in der Breite variiert werden können. Auch die Trennwände eignen sich gut, um Tore mit Hilfe von Klebeband zu erstellen oder sie vielleicht darauf zu malen.

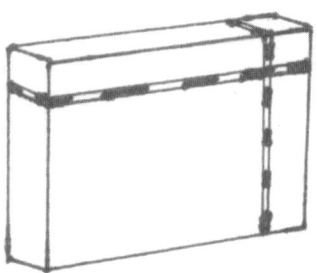

Da die Größe des Tores von der Größe der Spieler abhängt und auch eine Ermessensentscheidung der Lehrkraft ist, wird bei den späteren Darstellungen der Spiele auf Einzeichnungen von Markierungen zur Verkleinerung der Torflächen auf dem Weichboden verzichtet.

Der Ball: Grundsätzlich sollte bei allen Spielen und Übungen, bei denen ein Torwart beteiligt ist, aus Sicherheitsgründen mit weichen Bällen geworfen werden. Bei den Spielen ohne Prellen eignen sich Schaumstoffbälle mit Elefantenhaut. In den Spielen, bei denen geprellt wird, können aufblasbare Softbälle verwendet werden, die gute Prelleigenschaften besitzen.

Für alle anderen Formen ist es egal, welche Bälle man verwendet. Da geht es vor allem darum, eine hohe Übungsdichte zu erreichen, und das geht am besten dann, wenn jeder Übende einen Ball bekommt.

Die Spielregeln des Handballspiels

Sportliches Spiel ist Spiel nach Regeln, denen sich jeder Spieler unterwerfen muss. Sie sind die Voraussetzung für ein geordnetes Gegeneinander. Regeln werden nur immer in dem Umfang eingeführt, wie sie für das jeweilige Spiel notwendig sind. Während es im Volleyball und Basketball vor allem Spieltechniken sind, die einem komplizierten Regelwerk unterliegen, ist es im Handball vor allem der Körperkontakt, der Umgang der Spieler im direkten Spiel gegeneinander, der der Regelung bedarf.

Wer das große Handballspiel kennt, weiß, dass dabei hin und wieder ganz schön zur Sache gegangen wird. Aus diesem Image muss das Schulhandballspiel von Beginn an heraus. Deshalb ist besonders darauf zu achten, dass ohne Körperkontakt gespielt wird. Halten, Stoßen und Schlagen sind verboten und müssen sofort unterbunden werden, wenn sie eingesetzt werden, um in den Ballbesitz zu kommen oder Aktionen des ballführenden Spielers abzuwehren.

Dazu kommen die Regeln, die für die Einhaltung der äußeren Spielbedingungen, die das jeweilige Handballspiel ausmachen, definiert worden sind: Wann ist der Ball im Aus? Wann ist der Wurfkreis betreten? Wann ist der Ball im Tor? usw.

Die Schüler lernen das Spiel nach Regeln am besten, wenn sie sich auch selbst schiedsrichten. Um sich verständlich zu machen, verwenden sie die entsprechenden Schiedsrichterzeichen, die sie lernen müssen. Dafür ist es günstig, sie ihnen auf einer Arbeitskarte abzuziehen und sie während der Handballeinheit ins Klassenzimmer zu hängen.

Immer da, wo das Schiedsrichtersymbol erschein, geht es um die Regeln.

Schlagen

Umklammern
Festhalten

Stoßen

Anrennen
Anspringen
Stürmerfoul

Schrittfehler

Tippfehler
Prellfehler

Betreten des Torraumes

Einwurf

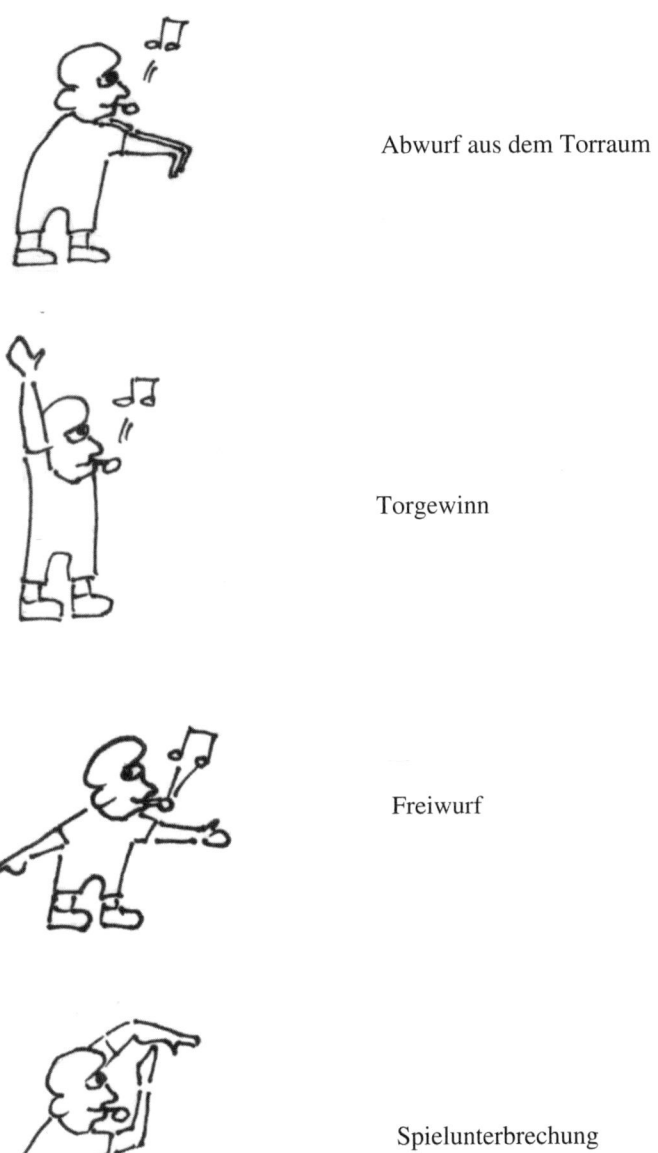

Abwurf aus dem Torraum

Torgewinn

Freiwurf

Spielunterbrechung

Spielregeln

Betreten des Torraumes

Torgewinn

Freiwurf

Einwurf

Spielunterbrechung

Abwurf aus dem Torraum

Schlagen

Umklammern, Festhalten

Anrennen, Anstoßen
Stürmerfoul

Stoßen

Prellfehler, Tippfehler

Schrittfehler

Alternativ zu diesem sehr zielorientierten Vorgehen können die Regeln auch von den Kindern handlungsorientiert selbst erarbeitet werden (vgl. OPPERMANN / SCHUBERT / EHRET 1997, 33). Hierbei spielen zwei Mannschaften zunächst gegeneinander Handball, ohne vorab irgendwelche Regelanweisungen der Lehrkraft zu erhalten. Anschließend wird in Kleingruppen diskutiert, welche Regeln aufgestellt werden müssen, um „richtig" Handball zu spielen. Im weiteren Verlauf einigt sich die ganze Klasse, welche Regeln für alle relevant sind und von diesen eingehalten werden müssen. Durch diese Vorgehensweise werden die Kinder aktiv an der Regelerstellung und -einhaltung beteiligt, ohne sie von der Lehrkraft aufoktroyiert zu bekommen. Die Erfahrung zeigt, dass die Kleinen durch die Beteiligung an der Erstellung des Regelwerks motiviert und selbstdiszipliniert Handball spielen.

Auch bei diesem Vorgehen finden die Schiedsrichterzeichen und das Schiedsrichten durch die Kinder selbst Verwendung. Auf den dafür erstellten Arbeitsblättern erscheinen dann nicht von Beginn an alle Regeln und alle zugeordneten Zeichen, sondern lediglich die, auf die man sich geeinigt hat. Auch diese werden günstigstenfalls im Klassenraum ausgehängt, damit sie, wie auch die jeweils erreichten Spielformen, optisch präsent sind.

Der Spiellehrgang auf einen Blick

Spielreihe 1: Spiele auf zwei Tore

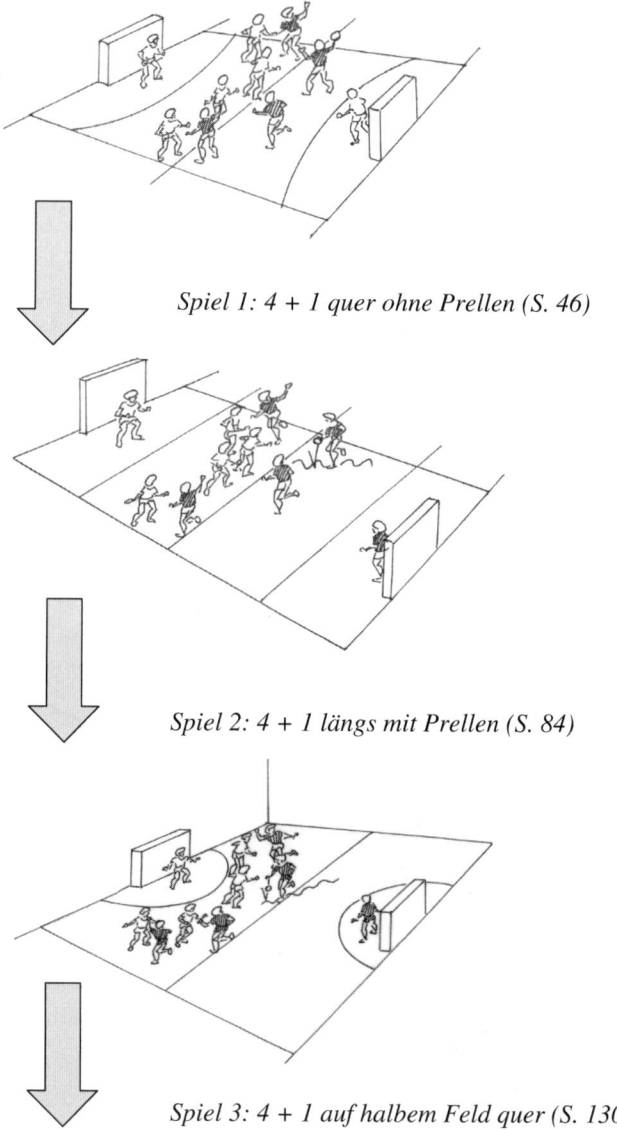

Spiel 1: 4 + 1 quer ohne Prellen (S. 46)

Spiel 2: 4 + 1 längs mit Prellen (S. 84)

Spiel 3: 4 + 1 auf halbem Feld quer (S. 130)

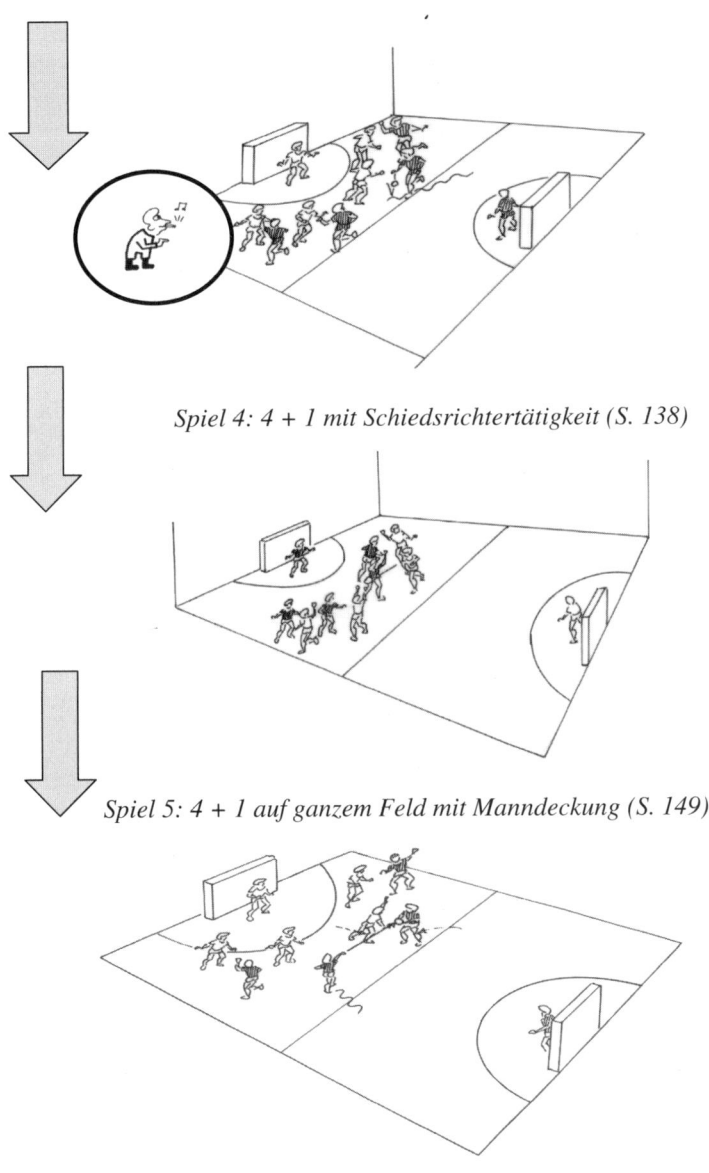

Spiel 4: 4 + 1 mit Schiedsrichtertätigkeit (S. 138)

Spiel 5: 4 + 1 auf ganzem Feld mit Manndeckung (S. 149)

Spiel 6 (Zielspiel): 4 + 1 als 4 : 0 - System-Spiel (S. 162)

Spielreihe 2: „Torwurfspiele"

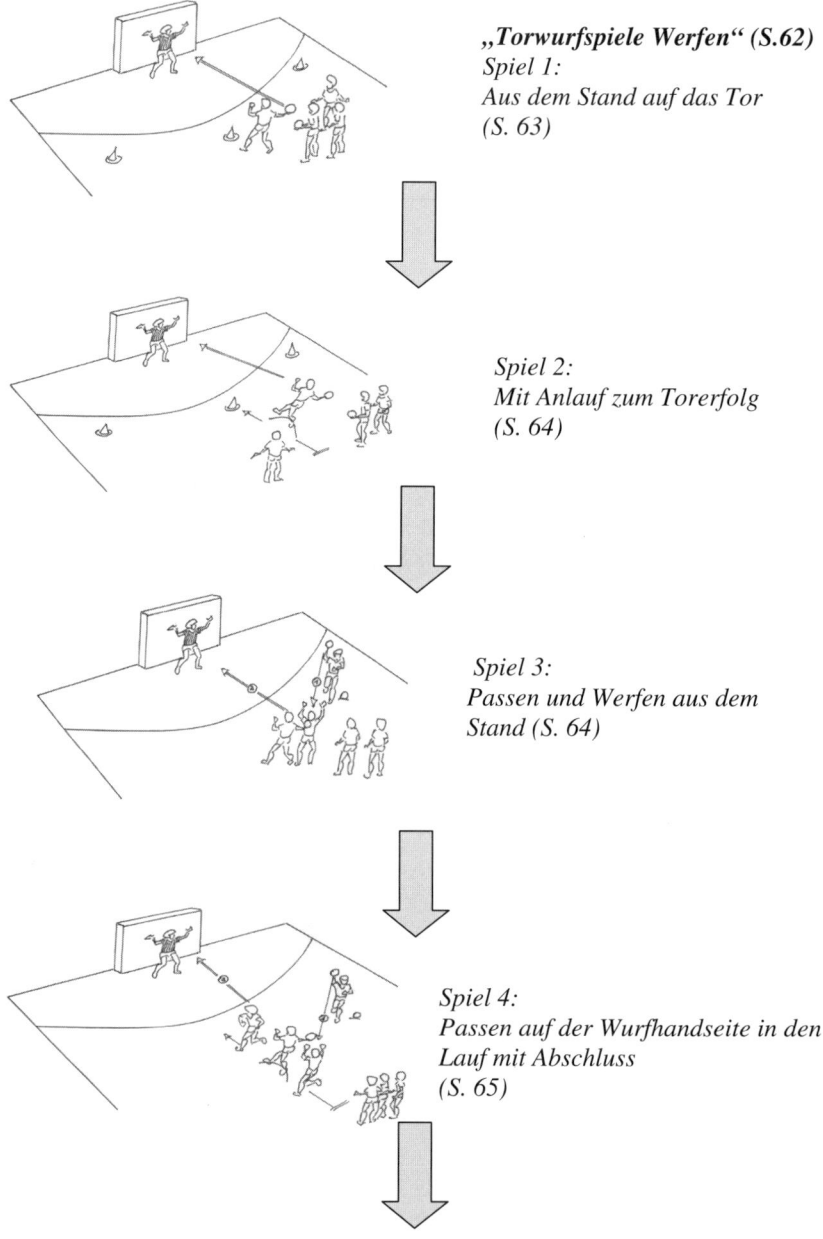

„Torwurfspiele Werfen" (S.62)
Spiel 1:
Aus dem Stand auf das Tor
(S. 63)

Spiel 2:
Mit Anlauf zum Torerfolg
(S. 64)

Spiel 3:
Passen und Werfen aus dem
Stand (S. 64)

Spiel 4:
Passen auf der Wurfhandseite in den
Lauf mit Abschluss
(S. 65)

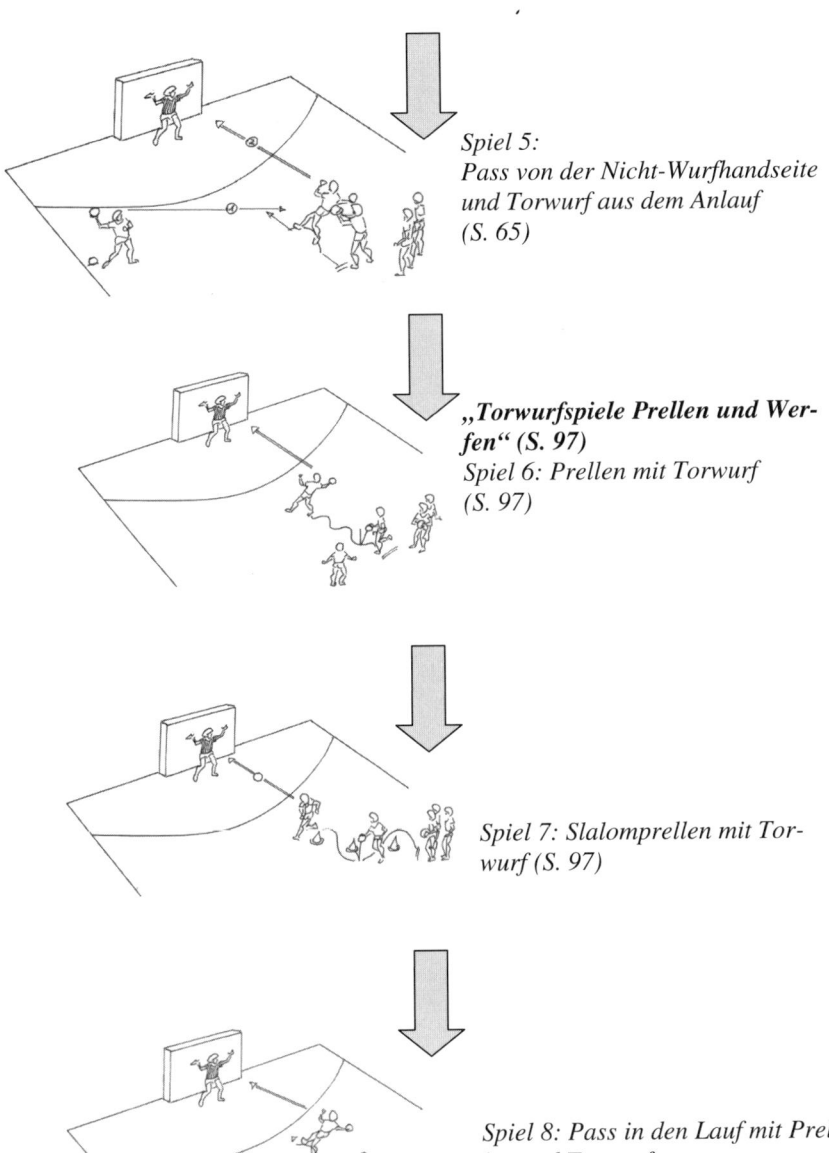

Spiel 5:
Pass von der Nicht-Wurfhandseite
und Torwurf aus dem Anlauf
(S. 65)

„Torwurfspiele Prellen und Werfen" (S. 97)
Spiel 6: Prellen mit Torwurf
(S. 97)

Spiel 7: Slalomprellen mit Torwurf (S. 97)

Spiel 8: Pass in den Lauf mit Prellen und Torwurf
(S. 98)

„Torwurfspiele Fintieren" (S. 118)

Spiel 9:
Durchbruchfinte zum Torwurf
(S. 119)

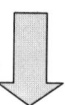

Spiel 10: Durchbruchfinte am Gegen-
spieler
(S. 119)

Spiel 11:
Torwurf nach Lauffinte
(S. 120)

Spiel 12:
Torwurf nach Lauffinte am Gegenspie-
ler
(S. 120)

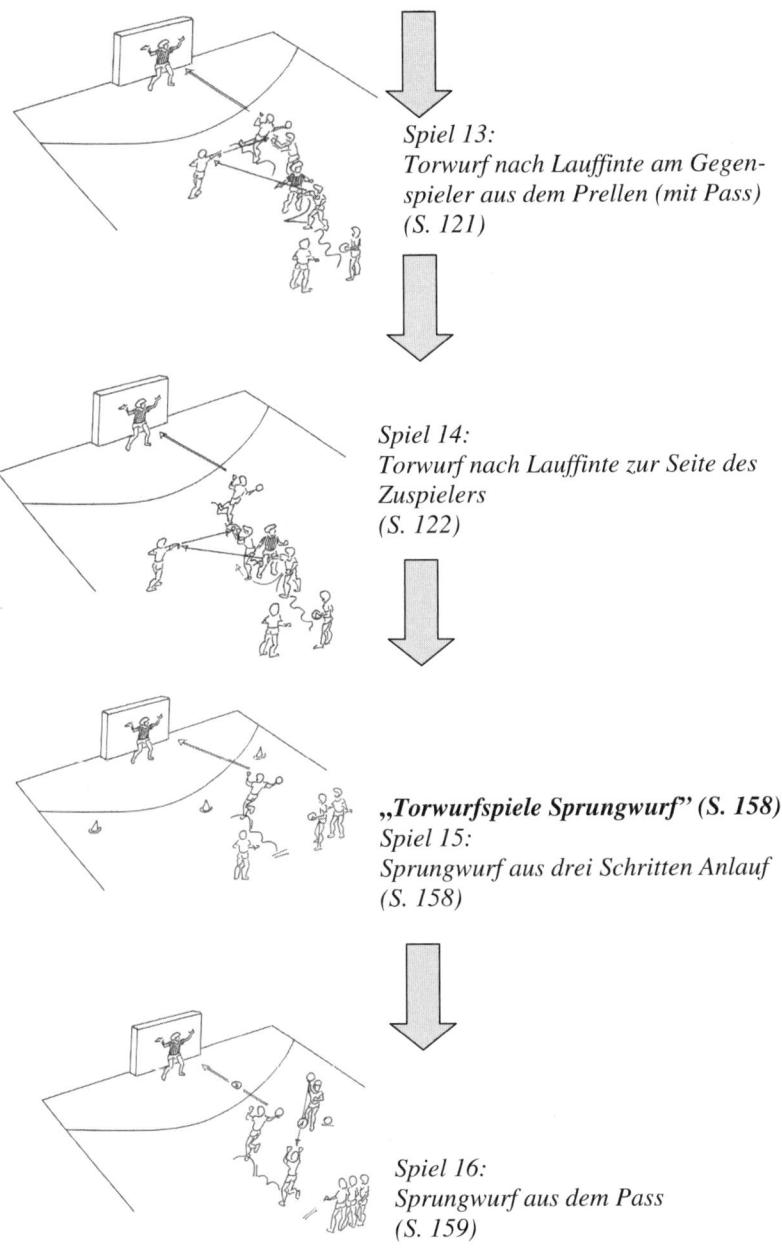

Spiel 13:
Torwurf nach Lauffinte am Gegen-
spieler aus dem Prellen (mit Pass)
(S. 121)

Spiel 14:
Torwurf nach Lauffinte zur Seite des
Zuspielers
(S. 122)

„Torwurfspiele Sprungwurf" (S. 158)
Spiel 15:
Sprungwurf aus drei Schritten Anlauf
(S. 158)

Spiel 16:
Sprungwurf aus dem Pass
(S. 159)

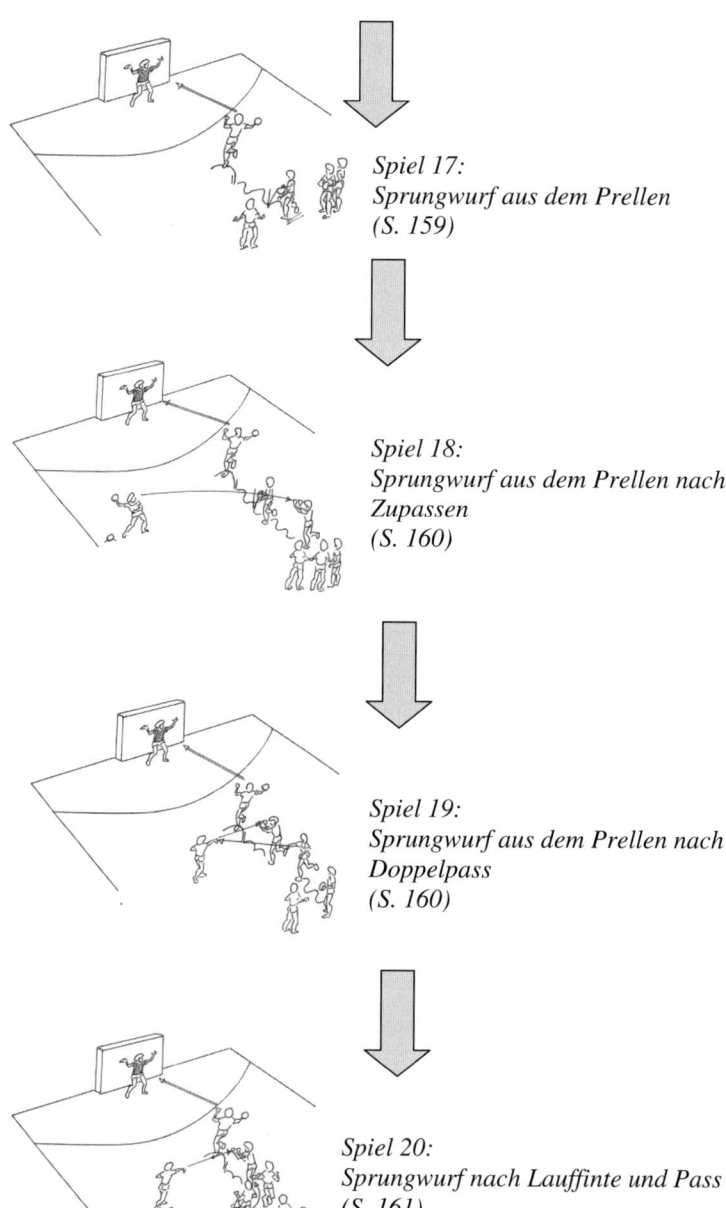

Spiel 17:
Sprungwurf aus dem Prellen
(S. 159)

Spiel 18:
Sprungwurf aus dem Prellen nach
Zupassen
(S. 160)

Spiel 19:
Sprungwurf aus dem Prellen nach
Doppelpass
(S. 160)

Spiel 20:
Sprungwurf nach Lauffinte und Pass
(S. 161)

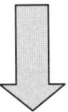

Spiel 21:
*Sprungwurf nach Lauffinte und Pass
am Gegner
(S. 161)*

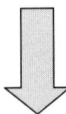

„Torwurfspiele Sprungfallwurf"
Spiel 22:
*Fallwurf von verschiedenen
Positionen
(S. 174)*

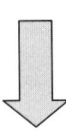

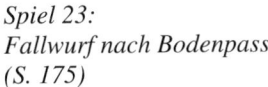

Spiel 23:
*Fallwurf nach Bodenpass
(S. 175)*

Spiel 24:
*Fallwurf nach Pass von der Seite
(S. 175)*

Spielreihe 3: „Spiele auf ein Tor"

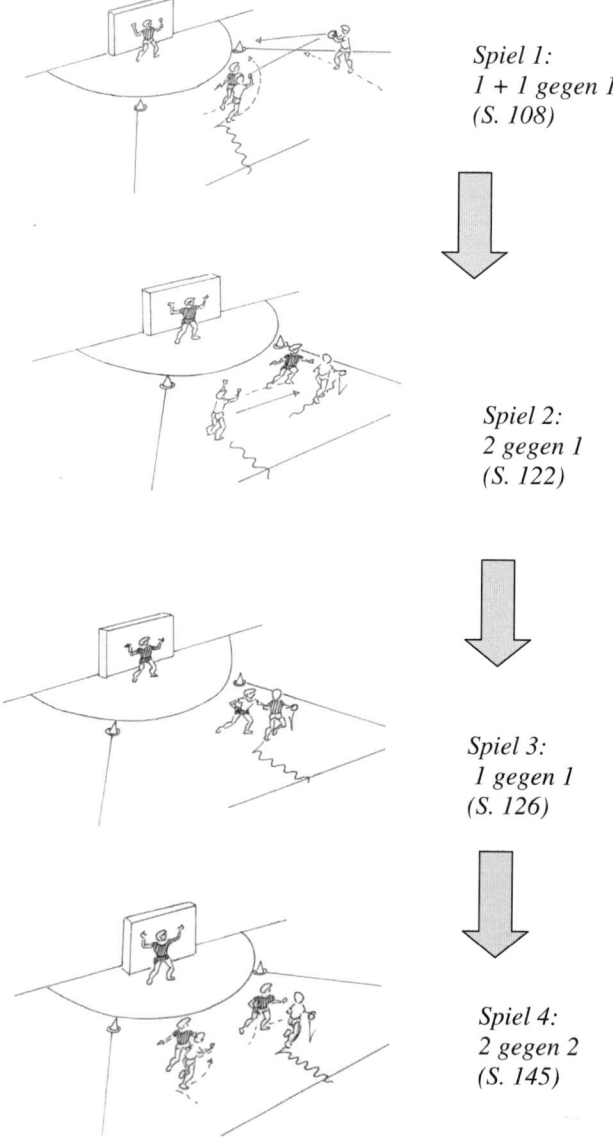

Spiel 1:
1 + 1 gegen 1
(S. 108)

Spiel 2:
2 gegen 1
(S. 122)

Spiel 3:
1 gegen 1
(S. 126)

Spiel 4:
2 gegen 2
(S. 145)

Spiel 5:
3 gegen 2
(S. 166)

Der Spiellehrgang

Spielreihe 1: „Spiele auf zwei Tore"
SPIEL 1: 4+1 quer ohne Prellen

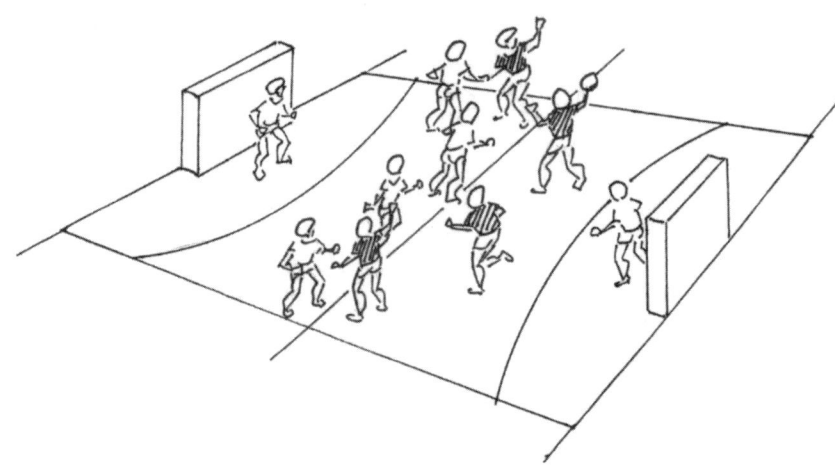

Zielvorstellung

Spiele auf zwei Tore mit Torwart repräsentieren das eigentliche Handballspiel. Sie begleiten den gesamten Spiellehrgang und werden in seinem Fortlauf immer mehr ausdifferenziert. Alle anderen didaktischen und methodischen Maßnahmen dienen diesem Ziel. In jedem Hallendrittel kann mit Schülerinnen und Schülern im 4., 5. und 6. Schuljahr dreimal quer gespielt werden. Als Tore bieten sich

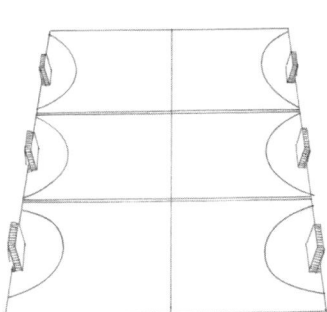

Weichböden an, jedenfalls auf den Seiten, auf denen sich keine Trennwände befinden. Dort können Tore auch durch aufgezeichnete oder geklebte Linien markiert werden. Wenn keine Weichböden vorhanden sind, können auch jeweils 3 Bodenmatten - natürlich nur, wenn sie genügende Stabilität haben - verwendet werden.

Methodische Schwerpunkte des Spiels auf zwei Tore sind das Zusammenspiel innerhalb der Mannschaft zur Überwindung des Raumes, die Vermittlung grundlegender Regeln und die Regelung des Spiels durch entsprechende Schiedsrichtertätigkeit von Seiten der Schülerinnen und Schüler. Da Anfänger grundsätzlich ballorientiert spielen, d.h. dazu neigen, den Ballbesitz zu übertreiben, wird zunächst ohne Prellen gespielt. Dadurch ergibt sich die Notwendigkeit, andere Spieler der Mannschaft am Ballvortrag zu beteiligen.

Mannschaftstaktik ist die Manndeckung. Der Wurfkreis spielt für die verteidigende Mannschaft noch keine Rolle; für die Angreifer markiert er die Linie, vor der beim Torwurf abgeworfen werden muss.

Erste Erfahrungen als Schiedsrichter sind ein wichtiger Schritt auf dem Wege zur selbstständigen Spielleitung. Sie helfen aber auch enorm beim Lernen des regelgerechten Verhaltens.

Spielgedanke
Zwei Mannschaften bemühen sich, den Ball in ihren Besitz zu bekommen, durch Zusammenspiel mit Werfen/Passen und Fangen das Spielfeld zu überbrücken und einen ihrer Spieler in eine gute Torwurfposition zu bringen.

Spielregeln
Wegen der Enge des Spielfeldes wird der Ball zu Beginn des Spiels von einer Mannschaft vom eigenen Torkreis ins Spiel gebracht. Genauso geschieht es nach jedem Torerfolg des Gegners. Die ballbesitzende Mannschaft greift an, die andere verteidigt. Der Ballvortrag erfolgt mit Passen und Fangen ohne Prellen. Fangfehler, bei denen der Ball zu Boden fällt, sowie einmaliges Prellen in Notsituationen werden nicht geahndet, lediglich offensichtliches mehrfaches Prellen wird abgepfiffen.
Ein Regelverstoß des Angreifers liegt vor,

> wenn der Ballbesitzer mit dem Ball in der Hand mehr als drei Schritte läuft.
> wenn der Ball länger als 3 Sekunden gehalten wird.

> wenn der Angreifer den Ball prellt.
> wenn der Angreifer den Gegenspieler rempelt oder wegstößt.
> wenn der Angreifer beim Torwurf übertritt.

4 + 1 quer ohne Prellen

Mit Passen und Fangen zum Torwurf

Das sind die Regeln:

Fehler des Angreifers
- ➤ *Prellen des Balles*
- ➤ *Laufen mit dem Ball in der Hand*
- ➤ *Ball länger als 3 Sekunden halten*
- ➤ *Rempeln und Wegstoßen*
- ➤ *Übertreten beim Torwurf*

Fehler des Verteidigers
- ➤ *Halten und Stoßen*
- ➤ *Laufen durch den Wurfkreis*
- ➤ *Ball aus der Hand schlagen oder reißen*

Taktik: Darauf achtet besonders ...

- ➤ *Mit beiden Händen fangen!*
- ➤ *Ball mit dem Körper sichern!*
- ➤ *Blickkontakt mit dem Partner herstellen!*
- ➤ *Erst passen, wenn der Partner frei ist!*
- ➤ *Anbieten und dadurch Passwege öffnen!*

Ein Regelverstoß des Verteidigers liegt vor,

> ➤ wenn der Verteidiger den Angreifer hält oder stößt.

> ➤ wenn der Verteidiger bei der Abwehr des Torwurfes durch den Wurfkreis läuft.

> ➤ wenn der Verteidiger dem Angreifer den Ball aus der Hand schlägt oder reißt.

Nach jedem Regelverstoß bekommt der Gegner den Ball zum Freiwurf von der Stelle, an der der Regelverstoß begangen wurde. Wenn der Gegner zur Torabwehr durch den Torkreis läuft, bekommt der Angreifer einen Strafwurf von einer Position 1m vor dem Torkreis.

Taktische Grundregeln

Der Schwerpunkt taktischen Verhaltens und damit taktischer Handlungsanweisungen liegt bei diesem ersten Kontakt mit dem Handballspiel auf dem Zusammenspiel im Angriff, weil das Stören des Zusammenspiels zunächst viel leichter fällt als ein fehlerfreies Ballhalten durch Passen und Fangen. Ballverluste werden in erster Linie durch Unsicherheiten beim Fangen verursacht. Deshalb:

> ➤ *Fange den Ball sicher mit beiden Händen!*
> ➤ *Sichere den Ball vor und mit dem Körper!*

Das Zusammenspiel ist vom taktischen Verhalten von Passgeber und Passempfänger abhängig. Durch Handlungsanweisungen gelingt eine erste Bewusstmachung.
Für den Passgeber:

> ➤ *Stelle Blickkontakt zum Partner her!*
> ➤ *Passe erst, wenn der Partner sich frei anbietet!*

Für den Passempfänger:

> ➤ *Laufe aus dem Deckungsschatten deines Gegenspielers!*
> ➤ *Öffne Passwege und biete dich an!*
> ➤ *Hilf dem Ballbesitzer, indem du dich freiläufst!*

Das Werfen

Werfen ist das wichtigste technische Grundelement des Handballspiels. Ein Handballer muss vor allem gut werfen können. Es ist die Voraussetzung für das Zustandekommen des Zusammenspiels im Angriff wie auch die Voraussetzung für den zielgenauen scharfen Torwurf. Die Schulung des Werfens ist deshalb von Beginn an ein zentrales Anliegen.

Werfen aus dem Stand

Die Ausbildung beginnt mit dem Werfen aus dem Stand, bei dem schon bestimmte Details zu beachten sind, die heute nicht mehr unbedingt zum Bewegungsrepertoire der Kinder gehören. Es wird nur noch wenig geworfen. Deshalb gehört die optimale Ausnutzung körperlicher Gegebenheiten für das Werfen oft nicht zu ihrem Erfahrungsschatz.

Beim Werfen aus dem Stand sind folgende Details von Bedeutung:

> ➢ *Ausgangsstellung in offener Schrittstellung*
> ➢ *Rechtswerfer haben das linke Bein vorne*
> ➢ *Wurfarm zum Ausholen nach hinten-oben führen*
> ➢ *Beim Wurf groß bleiben*

Diese Details bestimmen auch die Grobform der Bewegung, die sich erst durch vieles Anwenden in eine feinere Form verwandelt. Verbessert werden die Wurfgestalt und das Gefühl für das Werfen in vielen Übungsformen, in denen dann auch einzelne Bewegungsdetails schwerpunktmäßig herausgehoben und Fehler korrigiert werden.

Werfen aus dem Anlauf

Im Handball sind drei Schritte mit dem Ball in der Hand erlaubt. Diese werden beim Torwurf auch voll ausgenutzt. Die Schrittgestaltung erfolgt mit einem Im-

Werfen aus dem Stand

> Offene Schrittstellung
> Rechtswerfer mit linkem Bein vorne

> Wurfarm zum Ausholen nach hinten-oben führen

> Beim Werfen groß bleiben

Werfen aus dem Anlauf

➢ Offene Schrittstellung
➢ Rechtswerfer mit linkem Bein vorne

➢ Impulsschritt mit Abdruck von links auf rechts
➢ Beine überholen den Oberkörper

➢ Stemmschritt zum Abwurf

➢ Beim Abwurf groß bleiben

pulsschritt, bei dem die Beine den Oberkörper leicht überholen, so dass der Werfer in eine weite Wurfauslage kommt, aus der heraus ein besonders scharfer Wurf gelingt.

Auch das ist keine Bewegungsausführung, die die Kinder schon mitbringen. Verbreitet ist beim Werfen aus dem Anlauf ein „Hinker" auf der Wurfarmseite. Diesen gilt es im Lernprozess abzustellen.

Beim Werfen aus dem Anlauf mit Impulsschritt sind folgende Details von Bedeutung:

> *Rechtswerfer beginnen den Anlauf mit dem linken Bein.*
> *Der zweite Schritt ist der Impulsschritt mit einem leichten Sprung von links auf rechts.*
> *Beim Impulsschritt eilen die Beine dem Oberkörper voraus.*
> *Beim Impulsschritt erfolgt das Ausholen des Wurfarmes.*
> *Nach dem Impulsschritt erfolgt der Stemmschritt mit dem linken Bein nach vorne zum Abwurf.*
> *Beim Wurf groß bleiben*

Wie beim Werfen aus dem Stand bestimmen auch diese Details die Grobform der Bewegung, die sich erst durch vieles Anwenden in eine feinere Form verwandelt. Verbessert werden die Wurfgestalt und das Gefühl für das Werfen in den nachfolgenden Übungsformen, in denen dann auch einzelne Bewegungsdetails schwerpunktmäßig herausgehoben und Fehler korrigiert werden.

Das Fangen

Das Fangen des Balles gehört wie das Werfen zu den wesentlichen Grundlagen für das Zusammenspiel im Handball. Sicheres Fangen ist die Voraussetzung für

Fangen

➤ *die Arme dem Ball leicht angewinkelt entgegen bewegen*

➤ *Hände und Finger trichterförmig um den Ball schließen*

➤ *den Ball mit dem Körper sichern*

Fangen flacher Bälle

> *Hände dem anfliegenden Ball nach unten entgegen bewegen*

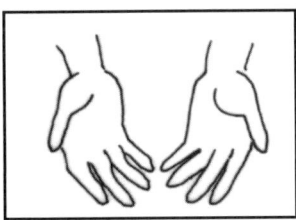

> *Hände und Finger trichterförmig um den Ball schließen*

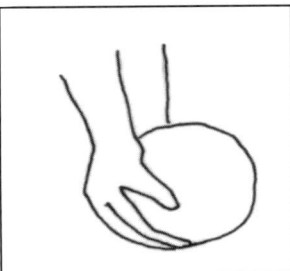

die Sicherung des Ballbesitzes. Am einfachsten ist es, wenn der Ball etwa in Brusthöhe zugespielt wird.

Folgende Details sind zu beachten:

> *Blickkontakt zum Passgeber aufnehmen*
> *den Oberkörper zum Ball hin öffnen*
> *die Arme leicht angewinkelt dem anfliegenden Ball entgegen bewegen*
> *Hände und Finger trichterförmig um den Ball schließen*
> *den Ball „ansaugen" und mit dem Körper sichern*

Wenn der Ball nicht so optimal zugespielt wird, muss der fangende Spieler auf den Ballflug reagieren. Grundsätzlich anders gestaltet sich das Fangen, wenn der Ball unterhalb der Gürtellinie eintrifft. Bei solchen Fällen ist die bisher empfohlene Hand- und Fingerhaltung verletzungsträchtig. Hände und Finger müssen jetzt genau andersherum gehalten werden.

Übungsformen für das Werfen

Mit Übungsformen zum Werfen wird die Qualität des Passens und des Torwurfs verbessert. Immer wird mit rechts und auch mit links geworfen, und die meisten Formen eignen sich für das Werfen aus dem Stand und auch aus dem Anlauf.

Die Wand als Spielpartner

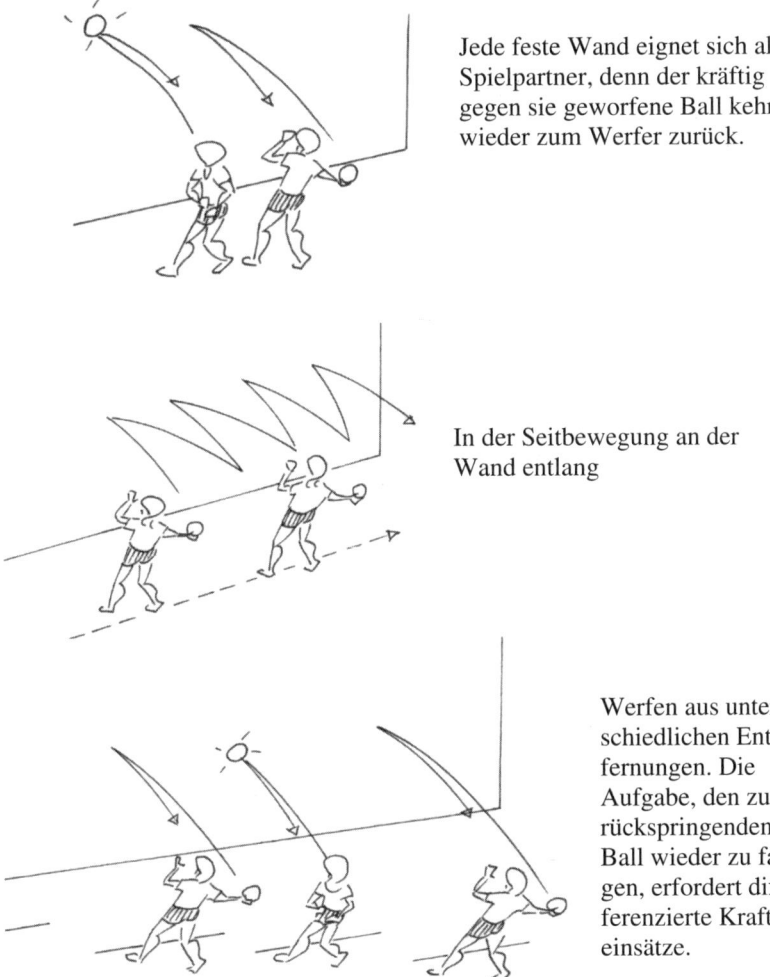

Jede feste Wand eignet sich als Spielpartner, denn der kräftig gegen sie geworfene Ball kehrt wieder zum Werfer zurück.

In der Seitbewegung an der Wand entlang

Werfen aus unterschiedlichen Entfernungen. Die Aufgabe, den zurückspringenden Ball wieder zu fangen, erfordert differenzierte Krafteinsätze.

Ständig wechselnde Wurfentfernungen. Die Werfer wechseln von Station zu Station.

Werfen gegen eine Markierung an der Wand. Diese Form kann auch als Wettspiel durchgeführt werden, in dem es darum geht, die Markierung (z.B. Zeitung) herunter zu werfen.

Werfen gegen Markierungen aus unterschiedlichen Entfernungen

Werfen auf Markierungen mit ständig wechselnder Entfernung. Die Werfer wechseln von Station zu Station. Wer hinten angekommen ist, fängt vorne wieder an.

Trefferspiele

Viele Zielwurfaufgaben lassen sich in motivierende Trefferspiele verwandeln. Organisatorisch einfach ist es, wenn die Mannschaften des 4 + 1 (also fünf Werfer pro Mannschaft) gegeneinander antreten.

Eine Zeitung von der Wand werfen. Für jede Mannschaft wird eine Zeitungsseite an einem Trennvorhang befestigt. Diese wird mit kräftigen Würfen heruntergeholt.

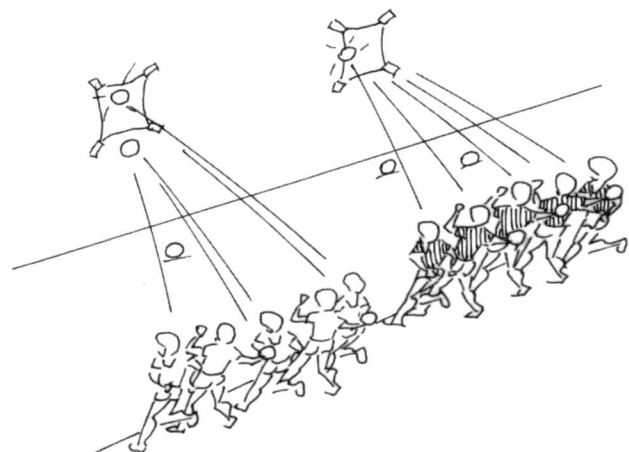

60

Abpraller in den offenen Kasten. In angemessener Entfernung vor einer festen Wand sind nach oben offene Kästen aufgestellt. Es gilt, die Bälle so gegen die Wand zu werfen, dass sie als Abpraller in die Kästen fallen.

Kartons herunterwerfen. Für jede Mannschaft sind Kartons (z.B. Bananenkartons) auf einer Bank aufgestellt. Ein Spieldurchgang ist beendet, wenn eine Mannschaft alle Kartons heruntergeworfen hat.

Hütchen herunterwerfen. Für jede Mannschaft stehen sechs Hütchen auf einer Bank. Am Anfang stehen die Hütchen nebeneinander. Wenn alle abgeworfen sind, werden je zwei übereinander gestellt, dann drei übereinander und zum Schluss alle sechs.

Einen Ball treiben. In angemessener Entfernung vor einer Wand oder Linie liegt für jede Mannschaft ein Leder-Medizinball. Dieser wird mit kräftigen Würfen zum Ziel getrieben.

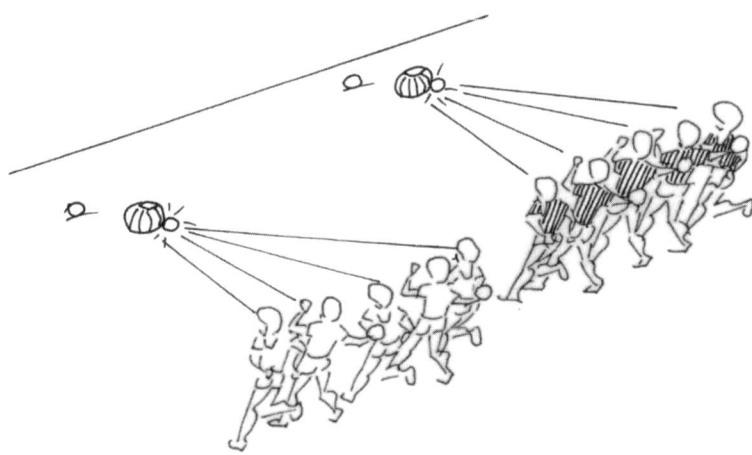

Gezielte Torwürfe. Auf den Weichböden, die als Tore gelten, sind Ziele markiert, die es zu treffen gilt. Jeder Treffer zählt einen Punkt.

Alle dargestellten Trefferspiele können auch als Turniere durchgeführt werden, wenn jeweils zwei Mannschaften gegeneinander antreten und dann die Sieger wieder neu gepaart werden. Der Vorteil ist ein Werfen mit hoher Motivation, und das ist eine gute Voraussetzung für die Entwicklung eines kräftigen Wurfes. Technisch sind Trefferspiele immer dann zu empfehlen, wenn die Grobform des Werfens beherrscht wird. Sonst besteht die Gefahr, dass sich falsche Muster einschleifen. Das gilt vor allem auch für den Wurf aus dem Anlauf, bei dem die Kinder nicht wieder in das Muster des Hinkens zurückfallen dürfen.

Spielreihe 2: „Torwurfspiele Werfen"

Torwurfspiele sind die einfachsten Handballspiele. In ihnen geht es lediglich um die Grundsituation „*Torwurf – Torabwehr"*, um die Auseinandersetzung des Werfers mit dem Torwart. Jede Art des Torwurfes und jede Anbahnung zum Torwurf kann in Torwurfspielen thematisiert werden. Gespielt wird auf das Tor des Spiels 4 + 1, d.h. auf den Weichboden, der von einem Torwart verteidigt wird.

Bei der Organisation der Torwurfspiele sind unterschiedliche Vorgehensweisen möglich. Die einfachste ist die, dass die Spieler jeder Mannschaft gegen einen Torwart aus ihren eigenen Reihen antreten. Das eröffnet Wettspiele der Spieler gegeneinander in vielen Variationen:

➢ *Gespielt wird gegen einen festen Torwart. Wer schafft zuerst 3, 5 usw. Treffer?*

➢ *Gespielt wird gegen einen festen Torwart. Jeder hat 10 Punkte. Wer verschießt, bekommt einen Punkt abgezogen.*

➢ *Wer verschießt, muss ins Tor.*

➢ *Jeder hat 10 Punkte. Wer hält, darf im Tor bleiben, so dass er keine Punkte verliert.*

➢ *Wer ist der beste Torwart? Jeder bekommt eine bestimmte Anzahl von Würfen aufs Tor.*

Es kann aber auch gegen den Torwart einer anderen Mannschaft gespielt werden. Dann wird auch aus den Torwurfspielen ein Spiel der Mannschaften gegeneinander, und sogar Spielturniere sind auf diese Weise möglich. Gezählt werden bei zwei gegeneinander antretenden Mannschaften die gegen den fremden Torwart erzielten Tore. Wer mehr Tore erzielt hat, gewinnt das Spiel und tritt gegen einen anderen Gewinner an.

Spielreihe 2: „Torwurfspiele Werfen"
Spiel 1: Aus dem Stand aufs Tor

Der Torwurf ist der Standwurf. Die Wurfentfernung wird durch Markierungen gekennzeichnet. Variiert wird die Spielaufgabe durch die Einrichtung verschiedener Abwurfstationen. Aufs Tor geworfen wird frontal von vorne und auch von den Seiten. Wer geworfen hat, kümmert sich um den Ball, holt diesen zurück und übergibt ihn an den nächsten Spieler.

Spielreihe 2: „Torwurfspiele Werfen"
Spiel 2: Mit Anlauf zum Torerfolg

Der Wurf aus dem Anlauf ist der Wurf aus drei Schritten mit Impulsschritt. Damit der Werfer dem Tor nicht zu nah kommt, wird die Startposition mit einer Markierung festgelegt. Wer geworfen hat, kümmert sich wieder um den Ball und übergibt diesen an den nächsten Werfer, es sei den, er muss den Platz mit dem Torwart tauschen.

Spielreihe 2: „Torwurfspiele Werfen"
Spiel 3: Passen und Werfen aus dem Stand

Ein Spieler übernimmt die Aufgabe des Zuspielers. Der Ball wird von der Wurfarmseite - meistens von rechts - und auch von der Nicht-Wurfarmseite zugespielt. Wer geworfen hat, kümmert sich um seinen Ball und legt diesen beim Zuspieler ab.

Spielreihe 2: „Torwurfspiele Werfen"
Spiel 4: Pass auf der Wurfhandseite in den Lauf mit Abschluss

Ein Spieler übernimmt das Zuspiel. Er passt die Bälle in den Lauf der Werfer, die mit einem Wurf auf das Tor abschließen. Wer geworfen hat, kümmert sich um den Ball und legt ihn beim Zuspieler wieder ab.

Spielreihe 2: „Torwurfspiele Werfen"
Spiel 5: Pass auf der Nicht-Wurfhandseite und Torwurf aus dem Anlauf

Ein Spieler übernimmt die Aufgabe des Zuspielers. Nach der Ballannahme erfolgt der Wurf aufs Tor aus dem Drei-Schritt-Anlauf. Das Zuspiel erfolgt von der dem Wurfarm abgewandten Seite. Wer geworfen hat, kümmert sich um den Ball und legt diesen beim Zuspieler ab.

Übungsformen mit koordinativem Schwerpunkt

Jede Spiel- und Übungsform stellt die Spieler natürlich auch vor koordinative Aufgaben. Man kann die Aufgaben aber so gestalten, dass koordinative Anforderungen im besonderen Maße gestellt werden. Ziel dieser Aufgaben ist eine verbesserte Lernfähigkeit, Kennzeichen aller Lernprozesse koordinativer Fähigkeiten sind Aufgabenstellungen mit einfachen und beherrschten Fertigkeiten im Zusammenhang mit erschwerten und ungewohnten Bedingungen (siehe auch MEDLER / SCHUSTER 2000).

Von den vielen Formen, die an anderer Stelle sehr ausführlich dargestellt sind (siehe MEDLER / SCHUSTER 2000), sollen hier nur einige wichtige Formen herausgehoben werden, und zwar die, bei denen die Bank als Hilfsmittel eingesetzt wird. Bei allen Formen werden verschiedene koordinative Fähigkeiten miteinander kombiniert. Es sind dies vor allem *Orientierungsfähigkeit, Gleichgewichtsfähigkeit, Differenzierungsfähigkeit, Reaktionsfähigkeit und Rhythmus- und Rhythmisierungsfähigkeit.* Der Schwerpunkt liegt je nach Aufgabenstellung mal mehr auf der einen, mal mehr auf der anderen Fähigkeit.

Die Formen zum Werfen, Passen und Fangen und Prellen sind an verschiedenen Stellen auf den Lehrvorschlag verteilt. Dabei steht oft nicht die technisch exakte Ausführung im Zentrum, sondern die durch die äußeren Bedingungen gestaltete koordinative Aufgabenstellung. So ist beim Werfen nicht immer genügend Raum vorhanden, um ein Bein nach vorne zu stellen, oder es wird bewusst das falsche Bein nach vorne gestellt. Auch das Passen und Fangen und das Prellen werden unter Bedingungen verlangt, die vor allem durch ihren ungewöhnlichen Charakter auffallen.

Wir beginnen hier mit den Formen des Werfens.

Übungsformen für das Werfen mit koordinativem Schwerpunkt

In der Seitwärtsbewegung an der Wand
Die Bänke stehen in angemessener Wurfentfernung parallel vor der Wand. Sie dienen den Übenden als Laufsteg, über den sie sich, während sie den Ball gegen die Wand werfen und fangen, seitwärts bewegen.

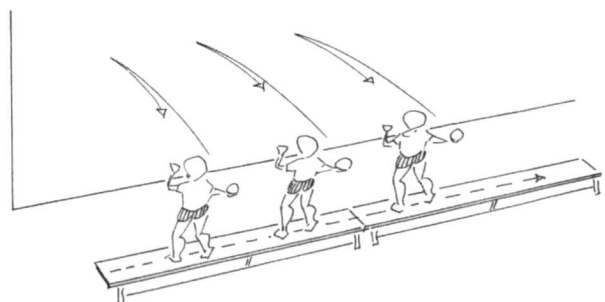

Mit wachsenden Entfernungen
Die Bänke sind so vor die Wand gestellt, dass die Entfernung immer größer wird. Die Übenden bewegen sich in Seitwärtsbewegung auf ihnen entlang.

Auf schmalem Steg
Mit umgedrehten Bänken entsteht ein schmaler Laufsteg. Die Übenden bewegen sich von kurzer zu weiter Wurfentfernung von einer Seite zur anderen.

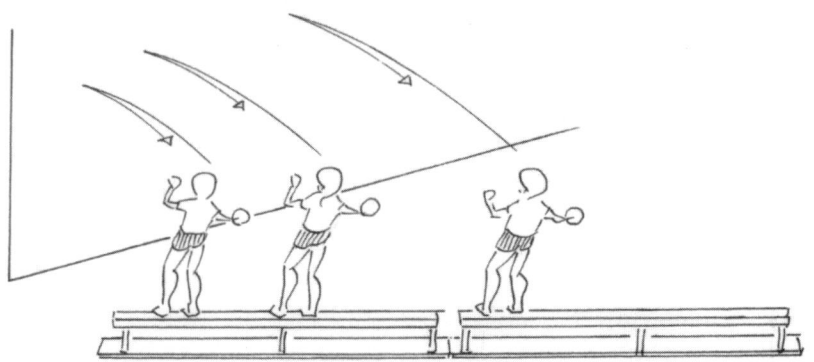

Immer näher an die Wand
Mehrere Bänke stehen senkrecht zur Wand. Die Übenden bewegen sich über die Bänke immer näher an die Wand heran, indem sie den Ball gegen die Wand werfen und den zurückspringenden Ball fangen.

Auf schmalen Pfaden zur Wand
Umgedrehte Bänke bieten den Übenden nur schmale Pfade, auf denen sie sich
werfend auf die Wand zu bewegen.

Übungsformen zum Passen und Fangen mit koordinativem Schwerpunkt

Auf der Bank zum Zuspieler
Ein fester Zuspieler steht in angemessenem Abstand vor der Bank. Sein Zu-
spielpartner kommt ihm auf der Bank entgegen und wird dabei mehrmals angespielt. Jeder ist mal Zuspieler.

Auf dem schmalen Steg zum Zuspieler

Ein fester Zuspieler steht einige Meter vor der umgedrehten Bank. Sein Zuspiel-
partner kommt ihm auf dem schmalen Steg entgegen und wird dabei mehrmals
angespielt. Jeder ist mal Zuspieler.

Zuspiel zur Bank

Der Zuspieler steht fest in einem Reifen. Die anderen stehen nebeneinander auf
der Bank. Sie werden abwechselnd angespielt und spielen den Ball wieder zurück. Jeder ist mal Zuspieler.

Zuspiel zum schmalen Steg
Der Zuspieler steht wie vorher in einem Reifen, die Rückspieler stehen nebeneinander auf einer umgedrehten Bank. Jeder ist mal Zuspieler.

Kurze und weite Zuspiele
Der Zuspieler steht in einem Reifen. Die anderen stehen auf zwei parallelen Bänken verteilt. Sie werden nacheinander angespielt und spielen den Ball wieder zurück. Jeder ist mal Zuspieler.

Kurz und weit auf schmalem Steg
Umgedrehte Bänke bieten den Rückspielern nur wenig Halt. Sie werden vom festen Zuspieler nacheinander angespielt und spielen den Ball wieder zurück. Jeder ist mal Zuspieler.

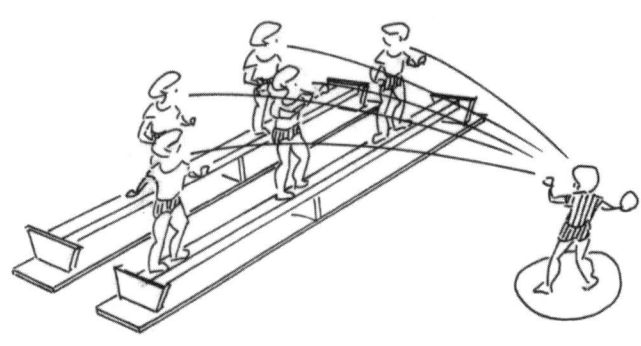

Weiter weg - näher ran
Mehrere Bänke stehen hintereinander. Ein Spieler ist fester Zuspieler, die anderen sitzen hintereinander auf den Bänken. Zum Anspiel steigt der jeweilige Spielpartner auf die Bank und setzt sich dann wieder hin. Der Ball wird dem Ersten, dem Zweiten usw. zugespielt, wandert so nach hinten und dann wieder nach vorne. Jeder übernimmt mal die Aufgabe des Zuspielers.

Im Zick-Zack von Bank zu Bank
Die Übenden stehen auf zwei parallelen Bänken verteilt. Sie passen sich den Ball fortlaufend im Zick-Zack zu.

Bänke im Dreieck
Drei Bänke sind so aufgestellt, dass sie ein offenes Dreieck bilden. Je zwei Übende stehen auf einer Bank, je einer am Anfang, der andere am Ende. Sie passen sich den Ball im festen Umlaufsinn oder auf freien Wegen zu.

Im Bankdreieck mit zwei Gruppen
Zwei Gruppen beziehen auf den Bänken Stellung. Jede Gruppe hat einen Ball, der untereinander zugepasst wird. Die Pässe erfolgen im gleichen oder im entgegengesetzten Umlaufsinn.

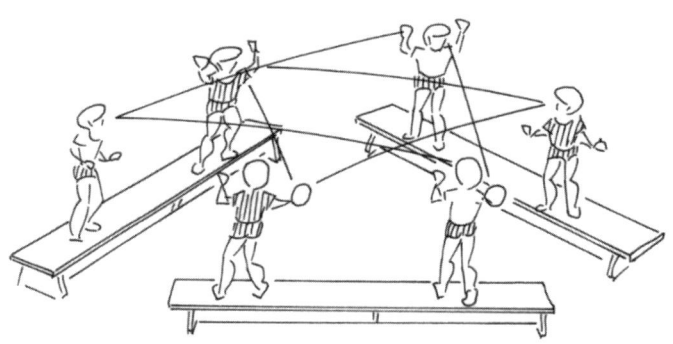

Kurze Passwege – lange Passwege
Vier Bänke sind im Kreuz zusammengestellt. Die Spieler stehen im Viereck so auf den Bänken verteilt, dass ein innerer und ein äußerer Kreis von Passwegen entsteht. Nach einiger Zeit des Passens rechts- und auch linksherum werden die Positionen getauscht.

Bankkreuz mit schmalen Stegen
Das Bankkreuz ist aus umgedrehten Bänken zusammengestellt. Jede Bank ist mit einem, zwei oder mehr Spielern besetzt, die sich jeweils zu viert den Ball im Kreis zuspielen.

Seitwärts über die Bank
Ein fester Zuspieler steht in Passabstand vor einer Bank. Alle anderen Spieler bewegen sich seitwärts über die Bank und werden dort mindestens zweimal angespielt. Nach ein paar Durchgängen wird die Bewegungsrichtung geändert. Jeder ist mal Zuspieler.

Seitwärts auf schmalem Steg
Ein fester Zuspieler steht in Passabstand vor einer umgedrehten Bank. Alle anderen Spieler bewegen sich seitwärts über den schmalen Steg, zunächst von der einen Seite, dann von der anderen Seite. Jeder ist mal Zuspieler.

Hin und her zwischen zwei Zuspielern
Zwei feste Zuspieler stehen in angemessenem Passabstand vor einer Bank. Die anderen bewegen sich über die Bank auf sie zu. Der von der einen Seite zugespielte Ball wird zur anderen Seite weitergespielt. Jeder übernimmt mal die Aufgabe des Zuspielers.

Hin und her auf schmalem Steg

Zwei feste Zuspieler stehen in Passabstand vor einer umgedrehten Bank. Die anderen bewegen sich, während sie angespielt werden, auf dem schmalen Steg auf sie zu. Der von der einen Seite zugespielte Ball wird zur anderen Seite weitergespielt. Jeder übernimmt mal die Aufgabe des Zuspielers.

Zwischen zwei Bänken hin und her

Ein Zuspieler steht vor zwei parallelen Bänken. Er spielt den Ball abwechselnd nach links und rechts auf die Spieler, die sich über die Bank auf ihn zu bewegen. Jeder Spieler wird auf dem Weg nach vorne mehrmals angespielt.

Zwischen zwei schmalen Stegen hin und her
Ein fester Zuspieler steht vor zwei umgedrehten Bänken. Er spielt den Ball abwechselnd nach links und rechts auf die Spieler, die sich auf den schmalen Stegen auf ihn zu bewegen.

Auf der Bank mit Nachlaufen
Die Übenden stehen in zwei Gruppen verteilt an den Enden und auf den Enden einer Bank. Sie spielen sich den Ball über die Länge der Bank zu und laufen ihrem Ball auf die andere Seite hinterher.

Auf dem schmalen Steg mit Nachlaufen
Die Übenden stehen in zwei Gruppen verteilt an den Enden und auf den Enden einer umgedrehten Bank. Sie spielen sich den Ball über die Länge der Bank zu und laufen ihrem Ball auf die andere Seite hinterher.

Zwischen zwei Zuspielern
Zwei Zuspieler stehen an den beiden Enden einer Bank. Der Spieler auf der Bank bekommt den Ball abwechselnd von der einen und anderen Seite zugespielt. Er spielt den Ball immer wieder zu dem Zuspieler zurück, von dem er ihn bekommen hat.

Zwischen zwei Zuspielern auf dem schmalen Steg
Zwei Zuspieler stehen an den beiden Enden einer umgedrehten Bank. Der Spieler auf der Bank bekommt den Ball abwechselnd von der einen und anderen Seite zugespielt. Er spielt den Ball immer wieder zu dem Zuspieler zurück, von dem er ihn bekommen hat.

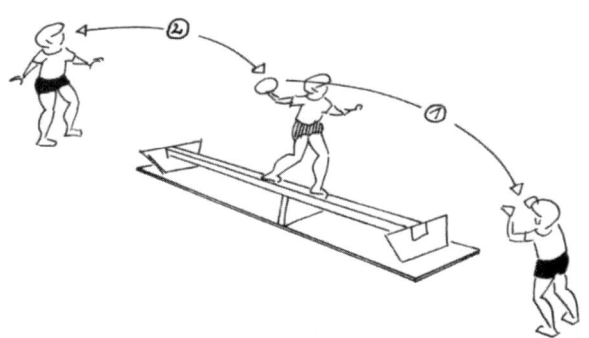

Über die Wand zum Partner
Zwei Spieler spielen sich den Ball über die Wand zu und bewegen sich dabei seitwärts über einen Banksteg.

Auf dem Banksteg zur Wand
Zwei Bänke stehen parallel und senkrecht zur Wand. Je zwei Übende bewegen sich über die Bänke in Richtung der Wand und werfen sich dabei den Ball über die Wand zu.

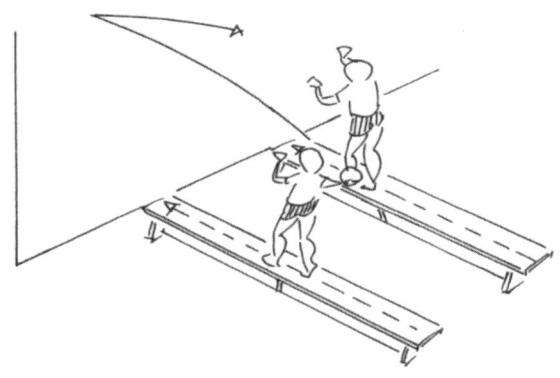

Auf schmalen Stegen zur Wand
Mit umgedrehten Bänken stehen nur schmale Stege zur Verfügung, über die die beiden Spieler balancieren und sich den Ball dabei zuwerfen.

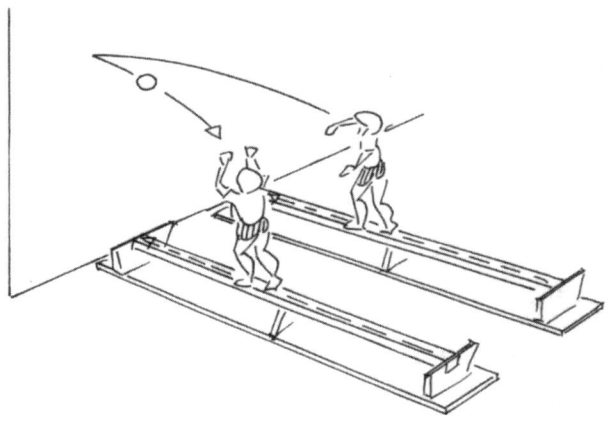

Zuspiel über die Bankgasse
Je zwei Spieler stehen sich auf zwei parallel zueinander aufgestellten Bänken gegenüber und werfen sich den Ball zu. Das Zuspiel erfolgt mit rechts, mit links, direkt und indirekt, über kurze Entfernung, über weite Entfernung.

Über die Bankgasse in der Seitwärtsbewegung
Die Bänke sind parallel zueinander aufgestellt. Die Übenden beginnen ihr Zuspiel nach Besteigen der Bänke und bewegen sich dann seitwärts zur anderen Seite. Variiert werden können die Art des Zuspiels und die Breite der Bankstege.

Immer weiter

Die Bänke sind jetzt so aufgestellt, dass die Bankgasse immer breiter wird. Die Übenden beginnen an der schmalen Seite und bewegen sich mit Zuspielen zur breiten Seite.

Immer weiter auf schmalen Pfaden

Mit umgedrehten Bänken entstehen schmale Balancierpfade, auf denen sich die Spieler seitwärts bewegen, während sie sich die Bälle zupassen.

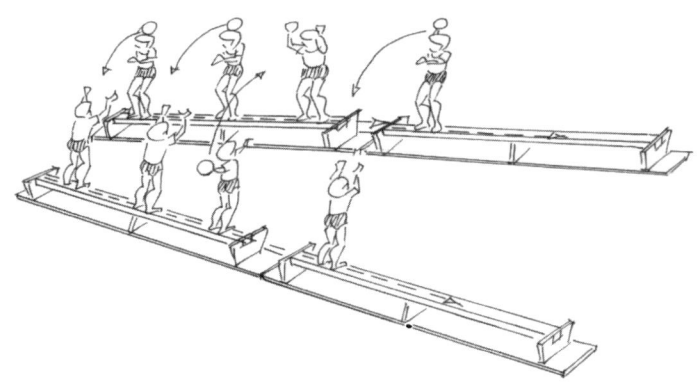

Spielreihe 1: „Spiele auf zwei Tore"
SPIEL 2: 4 + 1 längs mit Prellen

Zielvorstellung

Die Einführung des Prellens stärkt die Position des Angreifers, der mehr Bewegungsmöglichkeiten bekommt, und das Spiel wird dynamischer. Das Prellen erlaubt dem Ballbesitzer, den Ball länger im Besitz zu halten, sich vom Gegenspieler zu lösen, auch mal einen Alleingang zu wagen, und den Mitspielern gibt es mehr Zeit, sich freizulaufen und anzubieten. Natürlich birgt es auch die Gefahr, zu lange im Ballbesitz zu bleiben und die Ballverliebtheit zu übertreiben. Übertreibungen stören das Mannschaftsspiel. Sie sind denjenigen Spielern, die dazu neigen, bewusst zu machen. Solche Gelegenheiten eignen sich dazu, Spielverständnis darüber zu vermitteln, wann das Prellen und wann der Pass die bessere Entscheidung ist.

Das schnellere Spiel und die Möglichkeit des Ballbesitzers, auch allein durchzubrechen, verlangen eine veränderte Deckungsarbeit der abwehrenden Mannschaft. Es wird weiterhin mit Manndeckung gespielt. Dabei darf der Ballbesitzer jetzt nicht mehr zu eng genommen werden; ein aufmerksames Zurückgleiten ist nötig, um Durchbrüche zu verhindern.

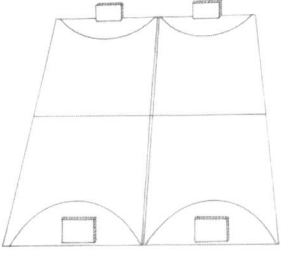

Eine günstige Gelegenheit, das Prellen spielbezogen einzuführen, ergibt sich bei einer Änderung der räumlichen Bedingungen. Wir spielen jetzt in Längsrichtung mit zwei Feldern nebeneinander in einer Drittelhalle. Wenn nicht alle Mannschaften gleichzeitig spielen können, werden einem Spielfeld drei Mannschaften zugeordnet, die abwechselnd spielen.

Spielgedanke
Zwei Mannschaften spielen gegeneinander. Sie bemühen sich, den Ball in ihren Besitz zu bekommen, durch Zusammenspiel mit Passen und Fangen und durch geschicktes Prellen das Spielfeld zu überbrücken und einen ihrer Spieler in eine günstige Torwurfposition zu spielen.

Spielregeln
Der Ball wird von einer Mannschaft an der Mitte des Spielfeldes mit einem Pass zum Mitspieler ins Spiel gebracht. Die ballbesitzende Mannschaft greift an, die andere verteidigt. Der Ballvortrag erfolgt mit Passen und Fangen und Prellen.

Ein Regelverstoß des Angreifers liegt vor,

➢ wenn der Ballbesitzer mit dem Ball in der Hand mehr als drei Schritte läuft.
➢ wenn der Ball länger als 3 Sekunden gehalten wird.
➢ wenn der Ballbesitzer zweimal prellt.
➢ wenn der Angreifer den Gegenspieler rempelt oder wegstößt.
➢ wenn der Angreifer beim Torwurf übertritt.

Ein Regelverstoß des Verteidigers liegt vor,

➢ wenn der Verteidiger den Angreifer hält oder stößt.
➢ wenn der Verteidiger bei der Abwehr des Torwurfes durch den Wurfkreis läuft.
➢ wenn der Verteidiger dem Angreifer den Ball aus der Hand schlägt oder reißt.

4 + 1 längs mit Prellen

Mit Passen und Fangen und Prellen zum Torwurf

Das sind die Regeln:
Fehler des Angreifers
> ➢ *Laufen mit dem Ball in der Hand*
> ➢ *Ball länger als 3 Sekunden halten*
> ➢ *Rempeln und Wegstoßen*
> ➢ *Übertreten beim Torwurf*
> ➢ *Zweimal prellen*

Fehler des Verteidigers
> ➢ *Halten und Stoßen*
> ➢ *Laufen durch den Wurfkreis*
> ➢ *den Ball aus der Hand schlagen oder reißen*

Taktik: Darauf achtet besonders ...
- *im Angriff*
  > ➢ *Passe erst, wenn der Partner sich frei anbietet!*
  > ➢ *Laufe aus dem Deckungsschatten deines Gegenspielers!*
  > ➢ *Öffne Passwege und biete dich an!*
  > ➢ *Eigensinniges Prellen vermeiden!*

- *in der Verteidigung*
  > ➢ *Den Gegenspieler ab der Mittellinie decken!*
  > ➢ *Zwischen Angreifer und Tor bewegen!*
  > ➢ *Ballführer stören!*
  > ➢ *Ballführer nach außen abdrängen!*

Nach jedem Regelverstoß bekommt der Gegner den Ball zum Freiwurf von der Stelle, an der der Regelverstoß begangen wurde. Wenn der Gegner zur Torabwehr durch den Torkreis läuft, bekommt der Angreifer einen Strafwurf von einer Position 1m vor dem Torkreis.

Taktische Grundregeln

Der Schwerpunkt taktischen Verhaltens und damit taktischer Handlungsanweisungen liegt zunächst wieder auf dem Zusammenspiel im Angriff, weil das Stören des Zusammenspiels immer noch viel leichter fällt als ein fehlerfreies Ballhalten durch Passen und Fangen. Ballverluste werden in erster Linie durch Unsicherheiten beim Fangen verursacht. Deshalb:

> ➢ *Fange den Ball sicher mit beiden Händen!*
> ➢ *Sichere den Ball vor und mit dem Körper!*

Das Zusammenspiel ist vom taktischen Verhalten von Passgeber und Passempfänger abhängig.
Handlungsanweisungen für den Passgeber:

> ➢ *Stelle Blickkontakt zum Partner her!*
> ➢ *Passe erst, wenn der Partner sich frei anbietet!*

Handlungsanweisungen für den Passempfänger:

> ➢ *Laufe aus dem Deckungsschatten deines Gegenspielers!*
> ➢ *Öffne Passwege und biete dich an!*
> ➢ *Hilf dem Ballbesitzer, indem du dich freiläufst!*

Durch die Erlaubnis zu prellen wird es dem Angreifer erleichtert, freie Räume zu überwinden und sich vom Gegenspieler zu lösen. Zur Vermeidung von Eigensinn muss das situationsgerechte Prellen bewusst gemacht werden.
Handlungsanweisungen für den Preller:

> ➢ *Prelle mit der dem Gegenspieler abgewandten Hand!*
> ➢ *Schütze den Ball mit dem Körper!*
> ➢ *Vermeide das Prellen, wenn der Mitspieler in günstigerer Position ist!*
> ➢ *Bevorzuge den Pass, wenn du angegriffen wirst!*

Mehr Gewicht bekommen jetzt auch schon die Handlungsanweisungen für den Verteidiger, die sein taktisches Verhalten bestimmen.

> ➢ *Decke deinen Gegenspieler, wenn er die Mittellinie überschreitet!*
> ➢ *Decke den Weg zwischen Ball und Tor!*
> ➢ *Dränge den Ballführer nach außen ab!*

Das Prellen

Prellen ist das fortwährende Zu-Boden-Drücken des Balles in der Vorwärtsbewegung. Es ist für den Ballbesitzer die einzige Möglichkeit, sich mit dem Ball im Raum zu bewegen. Der Grund, warum es erst an dieser Stelle eingeführt wird, liegt darin begründet, dass im ersten „Großen Spiel" auf das Prellen noch verzichtet wurde, um zunächst einmal grundlegende Erfahrungen im Zusammenspiel mit Passen und Fangen zu vermitteln. Diese sind notwendig, weil gute Spieler erfahrungsgemäß dazu neigen, das Prellen und damit das Alleinspiel zu übertreiben.

Diese Entscheidung verbannt das Prellen aber zunächst nur aus dem Spiel. Im Bereich des Übens hat es von Beginn an große Bedeutung bei der Ballgewöhnung. Denn es gibt keine Technik, die besser geeignet wäre, den Ball in all seinen Eigenschaften zu erproben. Deshalb sind Übungsformen für das Prellen das beste Mittel für eine intensive Ballgewöhnung. Diese sollte am Beginn jeder Handballstunde ihren Platz haben.

Beim Prellen sind folgende Details von Bedeutung:

> ➤ *seitlich vor dem Körper auf Hüfthöhe prellen*
> ➤ *den Ball mit weit gespreizten Fingern und lockerem Handgelenk umschließen*
> ➤ *den Ball aus Unterarm und Handgelenk nach vorne-unten drücken, nicht schlagen*
> ➤ *den vom Boden zurückspringenden Ball ansaugen*

Prellen

➢ *in Hüfthöhe*

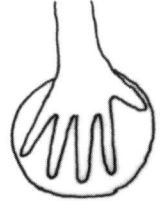

➢ *gespreizte Finger über dem Ball*

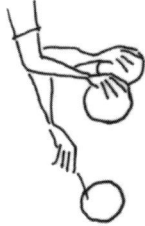

➢ *mit Unterarm und Handgelenk zu Boden drücken und ansaugen*

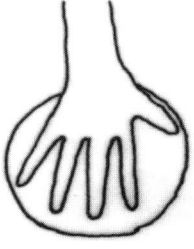 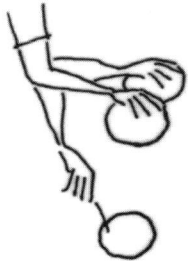

Übungsformen für das Prellen

Die folgenden Übungsformen eignen sich ganz besonders für den Stundenbeginn, weil sie für Bewegung sorgen, den Kreislauf angemessen in Gang bringen, den Umgang mit dem Ball vorbereiten, eine angemessene koordinative Vorbereitung sichern und die Beziehung zum Handballspiel herstellen. Darüber hinaus ist der intensive Umgang mit dem Ball (jeder Spieler hat einen Ball) geeignet, das Ballgefühl zu verbessern. Am Anfang der Stunde bietet es sich an, Formen zu wählen, bei denen die ganze Klasse auf einmal tätig wird.

Auf Linien unterwegs
Prellweg sind die auf dem Hallenboden eingezeichneten Linien. Je nach Art und Farbe der Linien können unterschiedliche Aufgaben gestellt werden: rechts, links, schnell, langsam usw.

Auf Linien unterwegs mit Kreisverkehr
Auf den Schnittpunkten der Linien sind Hütchen eingestellt, die umkreist werden müssen. Das geht mal linksherum und mal rechtsherum, mal langsam und mal schnell.

Zwischen Linien hin und her
Zwei Linien begrenzen den Aktionsraum. Die Übenden pendeln zwischen ihnen hin und her: hin mit rechts, zurück mit links, hin schnell, zurück langsam usw.

Zwischen zwei Bänken hin und her
Zwei Gruppen von Übenden sitzen auf Bänken gegenüber. Sie dribbeln im Sitzen. Dann wechseln sie gemeinsam die Seiten und nehmen dort wieder Platz. Der Graben wird mit verschiedenen Aufgaben überwunden.

Herrchen und Hund
Je zwei Spieler üben zusammen. Der eine ist „Herrchen" und übernimmt die Führung, der andere ist sein „Hund". Wenn „Herrchen" sich bewegt, bewegt sich auch der Hund, wenn „Herrchen" anhält, stoppt auch der „Hund", wenn „Herrchen" sich schnell bewegt, bleibt der „Hund" an seiner Seite.

Auf engem Raum
Alle bewegen sich in einem markierten Feld umeinander herum. Sie prellen mit rechts und mit links, langsam und schnell, hoch und tief usw.

Umkreisen
Im Feld sind Reifen ausgelegt, die umkreist werden müssen. Die Spieler prellen um alle Reifen linksherum oder rechtsherum, von Reifen zu Reifen schnell und dort wieder langsam, abwechselnd linksherum und rechtsherum.

Guten Tag
Die Spieler prellen im begrenzten Feld umeinander herum. Wenn sie sich be-gegnen, geben sie sich die rechte Hand zu einem fröhlichen „Guten Tag".

Handklatschen
Die Spieler prellen im begrenzten Feld umeinander herum. Wenn sie sich be-gegnen, klatschen sie ihre freien Hände aneinander. Das geschieht mal mit rechts und mal mit links, mal im Spazierengehen, mal im Lauf.

Paarprellen
Je zwei Spieler geben sich die Hand, so dass der eine mit rechts und der andere mit links prellen muss. Gemeinsam suchen sie ihren Weg um die anderen Paare herum. Nach einiger Zeit werden die Seiten gewechselt, dann die Partner usw. Die Paare bewegen sich langsam und schnell, vorwärts und rückwärts.

Durch den Tunnel
Je zwei Spieler geben sich die Hand und prellen gemeinsam im begrenzten Feld umeinander herum. Wenn zwei Paare sich begegnen, hebt eines die Arme und bildet einen Tunnel und das andere bewegt sich darunter durch.

Schattendribbeln
Zwei oder auch mehr Spieler gehören zusammen. Einer übernimmt die Führung und bestimmt die Prellart und den Prellweg, die anderen folgen. Nach einiger Zeit übernimmt ein anderer die Führung.

Immer enger
Die Übenden prellen im begrenzten Feld umeinander herum. Das Feld wird allmählich immer enger gesteckt. In jedem Feld wird mit rechts und links, hoch und tief, schnell und langsam geprellt.

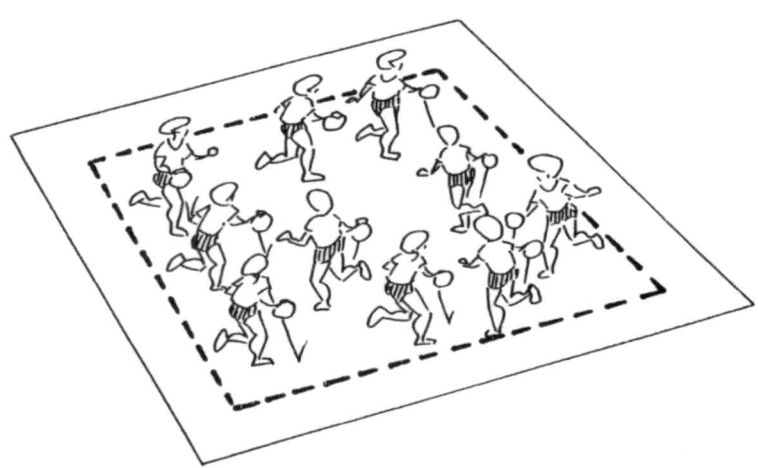

Spielreihe 2: „Torwurfspiele Prellen und Werfen"
Spiel 6: Prellen mit Torwurf

Die Spieler prellen in Richtung des Tores und schließen die Vorwärtsbewegung mit einem Torwurf ab. Die Aktion kann frontal von vorne und auch von den Seiten durchgeführt werden. Geprellt wird mit rechts und mit links. Die Entfernung zum Tor wird zu Beginn mit einer Markierung festgelegt.

Spielreihe 2: „Torwurfspiele Prellen und Werfen"
Spiel 7: Slalomprellen mit Torwurf

Eine Slalomstrecke ist mit Markierungen (Hütchen, Trainingshilfen) ausgelegt. Die Spieler prellen durch den ausgelegten Parcours und schließen ihre Aktion mit einem Torwurf ab. Geprellt wird zunächst ohne, dann mit Handwechsel. Bei letzterem wird der Ball jeweils auf die der Markierung abgewandte Hand gewechselt.

Spielreihe 2: „Torwurfspiele Prellen und Werfen"
Spiel 8: Pass in den Lauf mit Prellen und Torwurf

Ein Spieler ist fester Zuspieler. Die anderen starten in Richtung des Tores und bekommen den Ball in ihren Lauf hinein zugepasst. Der Pass erfolgt zunächst von der Wurfhandseite und dann von der Nicht-Wurfhandseite. Die Angreifer prellen nach Erhalt des Balles weiter auf das Tor zu und schließen die Aktion mit einem Torwurf ab. Wer geworfen hat, legt den Ball wieder beim Zuspieler ab.

Übungsformen für das Prellen mit koordinativem Schwerpunkt

Prellweg über die Bänke
In der Halle sind Bänke aufgestellt, über die die Spieler beim Prellen ihren Weg nehmen. Die Bänke können geordnet parallel zueinander stehen oder auch frei in der Halle verteilt stehen.

Prellen auf schrägen Übungswegen
Mit kleinen Kästen und Bänken können schräge Übungswege gebaut werden, die die Kinder prellend überwinden sollen.

Hinauf und wieder hinunter
Zwei aufgestellte Bänke bilden für jede Gruppe einen Berg, der mit Prellen ü-
berwunden werden muss.

Auf schmalen Wegen
Mit umgedrehten Bänken wird die Aufgabe schwieriger. Es lassen sich vielfälti-
ge Prellparcours zusammenstellen.

Zu zweit in der Seitwärtsbewegung
Diese Aufgabe kann ganz unterschiedlich gestaltet werden. Die Paare sind mal ohne und mal mit Handfassung, mal in gleiche, mal in unterschiedliche Richtung sehend unterwegs. Je nach Aufgabe und Position der Spieler wird auch ganz unterschiedlich geprellt: mit rechts, mit links, der eine mit rechts, der andere mit links usw.

Paare auf parallelen Bänken
Je zwei umgelegte Bänke sind nebeneinander aufgestellt. Die Paare bewegen sich mit Handfassung über sie hinweg. Je nach Seite und Aufgabenstellung wird mal mit rechts, mal mit links, mal in der Vorwärtsbewegung, mal in der Rückwärtsbewegung geprellt und auch mal sychron.

Hin und her über Bänke
Mehrere Bänke sind hintereinander aufgestellt. Die Übenden bewegen sich im Slalom dribbelnd hin und her über diese Bankreihe.

Rhythmisch über parallele Bänke
Mehrere Bänke sind in gleichen oder in verschiedenen Abständen parallel zueinander aufgestellt. Die Übenden bewegen sich prellend über die aufgebauten Hindernisse und versuchen, ihren Rhythmus zu finden.

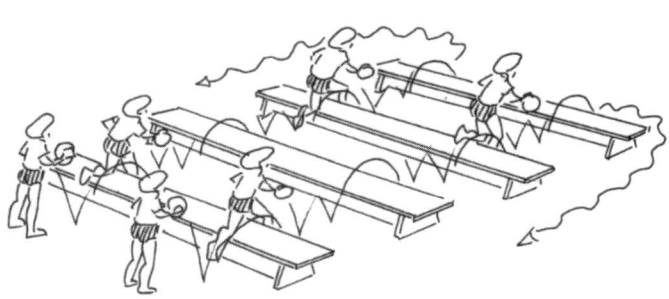

Verschiedene Aufgaben
Die Bänke stehen in der Halle so verteilt, dass an jeder Station unterschiedliche Aufgaben erfüllt werden können. Der erste Übende bestimmt auf dem Rundgang die von der ganzen Gruppe zu erfüllende Aufgabe.

Übungsformen: Scharfes Werfen

Scharfe Würfe in entsprechender Dichte verbessern die für erfolgreiche Torwürfe notwendige Wurfkraft. Es gibt einige Aufgabenstellungen, die geradezu als Herausforderung für scharfe Würfe und damit als Trainingshilfe für die Verbesserung der Wurfkraft gelten können.

Die Wand als Spielpartner

Glatte Wände sind für das Wurftraining von großer Bedeutung. Sie können als Zielfläche und auch als Prellfläche genutzt werden.

Weite Abpraller. Der Ball wird so kräftig gegen die Wand geworfen, dass er möglichst weit in den Raum zurückprallt. Linien auf dem Boden geben den Werfern eine Orientierung, wer diese Aufgabe am besten erfüllt und ob man sich verbessert.

Aufpraller gegen die Wand
Der Ball wird so kräftig auf den Boden geworfen, dass er möglichst hoch an die
Wand springt. Markierungen an der Wand geben den Werfern eine Rückmel-
dung über ihren Erfolg.

Wettspiele

Bei den Wettspielen können die eingeteilten Mannschaften gegeneinander antreten. Jede Mannschaft besitzt eine Anlage, jeder Werfer hat einen Ball. Jede
Mannschaft erfüllt die Aufgabe, insbesondere das Rückholen der Bälle, in eigener Regie.

Karton treiben
Einige Meter vor einer Wand liegt für jede Mannschaft ein Karton. Dieser soll mit gezielten, scharfen Würfen gegen die Wand getrieben werden.

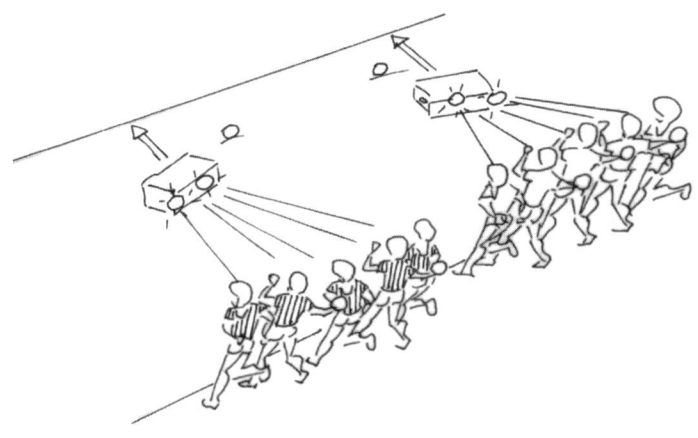

Ball durch die Gasse treiben
Mit je zwei Bänken wird für jede Mannschaft eine Gasse gelegt, in der ein Leder-Medizinball mit gezielten, scharfen Würfen getrieben wird.

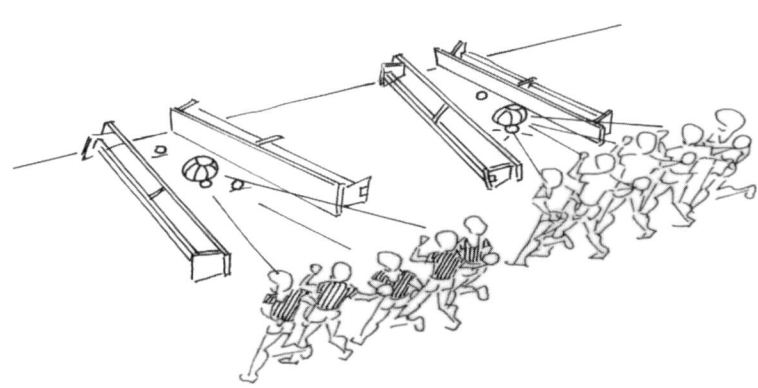

Übungsformen: Scharfe Würfe auf das Tor

Zielwerfen mit Ballhalter
Ein Spieler steht in angemessener Entfernung vor dem Wurfkreis. Er hält den vom Werfer zugespielten Ball seitlich so in den Lauf des Werfers, dass dieser ihn ergreifen und mit einem Zielwurf auf das Tor abschließen kann.

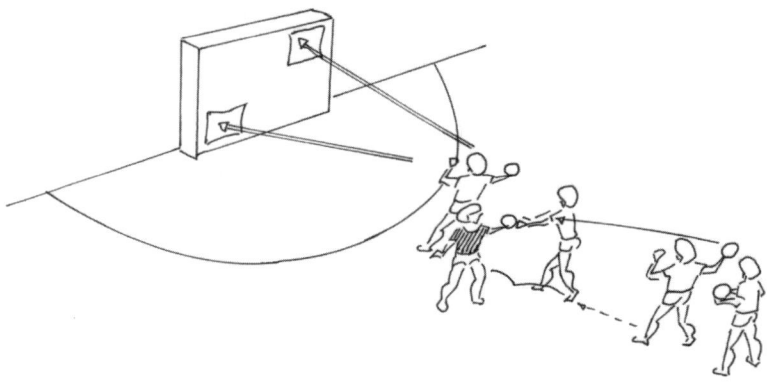

Auf das Tor mit Ballhalter
Ein Spieler steht im Tor, ein anderer übernimmt das Ballhalten. Der Ball wird auf der Wurfarmseite in den Lauf des Werfers gehalten. Dieser schließt mit einem Torwurf ab.

Rechts oder links zum Tor
Der Ballhalter hält den Ball seitlich nach rechts oder nach links. Zunächst geschieht das direkt nach dem Anspiel, später wird die Seite erst gewählt, wenn
der Werfer schon in der Vorwärtsbewegung ist. Geworfen wird immer mit dem
Arm, der der zugereichten Seite entspricht. Wird der Ball rechts zugereicht, wird
mit rechts geworfen, wird links zugereicht, mit links.

Wurf nach Richtungswechsel
Der Werfer nimmt den hingehaltenen Ball auf, wechselt mit einem Ausfall-
schritt auf die andere Seite und zieht an dem Ballhalter vorbei in Richtung Tor.
Der Richtungswechsel erfolgt nach rechts und nach links.

Spielreihe 3: „Spiele auf ein Tor"
Spiel 1: 1 + 1 gegen 1

Zielvorstellung

Die Auseinandersetzung 1 gegen 1 ist eine zentrale Standardsituation des Handballspiels. Gespielt wird die Auseinandersetzung des ballbesitzenden Angreifers gegen seinen direkten Gegenspieler. Im direkten wechselseitigen Bezug von Angriffsverhalten und Abwehrverhalten versucht der Ballbesitzer, seinen Gegenspieler prellend mit schnellen Antritten, überraschenden Richtungswechseln und Täuschungen zu überspielen, um frei zum Torwurf zu kommen.

Da dieses dem angreifenden Anfänger noch große Schwierigkeiten macht, wird ihm ein Spieler als Helfer zugeteilt. Dieser verhält sich zum Ballbesitzer so, dass er stets angespielt werden kann, wenn dieser in Bedrängnis gerät. Das gibt dem Angreifer Gelegenheit, sich zu befreien und den Angriff erneut zu versuchen. Der Abwehrspieler dagegen ist bemüht, dem Angreifer den Ball herauszuspielen, um selbst in den Ballbesitz und damit in die Angriffssituation zu gelangen.

Spielgedanke

Zwei Mannschaften mit je zwei Spielern spielen gegeneinander auf ein Tor. Die ballbesitzende Mannschaft besteht aus einem Angreifer und einem Helfer, von der verteidigenden Mannschaft rückt einer ins Tor und der andere übernimmt die Abwehr. Der Ballbesitzer bemüht sich, seinen Gegenspieler durch geschicktes Prellen zu überspielen und in eine günstige Torwurfposition zu gelangen. Wenn er in Bedrängnis gerät, kann er den Ball zu seinem Mitspieler passen und, nachdem er den Ball zurückhalten hat, erneut angreifen. Der Helfer steht nur als Anspielpartner zur Verfügung. Er darf nicht selbst angreifen oder aufs Tor werfen. Wenn der Angreifer den Ball verliert, werden die Aufgaben getauscht. Abwehrspieler und Torwart übernehmen die Aufgaben der Angreifer. Sie beginnen ihren Angriff hinter eine vorher festgelegte Markierung.

Spielregeln
Der Ball wird vom ballbesitzenden Angreifer von einer festgelegten Markierung aus mit Prellen ins Spiel gebracht. Der Spielraum ist durch Hütchen begrenzt. Der Ballbesitzer greift an, sein Gegenspieler verteidigt. Der Ballvortrag erfolgt mit Prellen.

Ein Regelverstoß des Angreifers liegt vor,

> ➢ wenn der Ballbesitzer mit dem Ball in der Hand mehr als drei Schritte läuft.
> ➢ wenn der Ball länger als 3 Sekunden gehalten wird.
> ➢ wenn der Ballbesitzer zweimal prellt.
> ➢ wenn der Angreifer den Gegenspieler rempelt oder wegstößt.
> ➢ wenn der Angreifer beim Torwurf übertritt.

Ein Regelverstoß des Verteidigers liegt vor,

> ➢ wenn der Verteidiger den Angreifer hält oder stößt.
> ➢ wenn der Verteidiger bei der Abwehr des Torwurfes durch den Wurfkreis läuft.
> ➢ wenn der Verteidiger dem Angreifer den Ball aus der Hand schlägt oder reißt.

Nach jedem Regelverstoß bekommt der Gegner den Ball. Angreifer und Verteidiger wechseln ihre Positionen. Der Ball wird vom neuen Ballbesitzer von einer Markierung neu ins Spiel gebracht. Das Gleiche geschieht bei Fehlwürfen auf das Tor und auch bei Torerfolg.

Wenn der Ballbesitzer in Bedrängnis gerät, darf er den Ball zu seinem helfenden Mitspieler passen. Außer erneutem Ballbesitz darf daraus kein anderer Vorteil erwachsen. Nachdem er den Ball zurückbekommen hat, darf er erneut angreifen.

1+ 1 gegen 1

Mit Dribbeln und einem Helfer gegen einen Gegenspieler zum Torerfolg

Das sind die Regeln:

Fehler des Angreifers

> ➢ *Laufen mit dem Ball in der Hand*
> ➢ *Ball länger als 3 Sekunden halten*
> ➢ *Rempeln und Wegstoßen*
> ➢ *Übertreten beim Torwurf*
> ➢ *Zweimal prellen*

Fehler des Verteidigers

> ➢ *Halten und Stoßen*
> ➢ *Laufen durch den Wurfkreis*
> ➢ *Ball aus der Hand schlagen oder reißen*

Taktik: Darauf achtet besonders ...

- **im Angriff**
  - ➢ *Schütze den Ball mit deinem Körper!*
  - ➢ *Irritiere den Gegenspieler mit Tempowechseln!*
  - ➢ *Irritiere den Gegenspieler mit Richtungswechseln!*
  - ➢ *Täusche Durchbrüche vor!*
  - ➢ *Täusche Torwürfe vor!*
  - ➢ *Spiele ab, wenn du in Bedrängnis gerätst!*
  - ➢ *Laufe dich zum erneuten Anspiel frei!*
- **in der Verteidigung**
  - ➢ *Decke den Ballführer in Tornähe eng!*
  - ➢ *Halte einen Sicherheitsabstand von ca. einer Armlänge!*
  - ➢ *Wähle deine Position zwischen dem Angreifer und dem Tor!*
  - ➢ *Agiere mit einer Hand als Führhand!*
  - ➢ *Störe den Angreifer und dränge ihn nach außen ab!*
  - ➢ *Versuche dem Preller den Ball herauszuspielen!*
  - ➢ *Weiche bei Durchbruchversuchen schnell zurück!*
  - ➢ *Versuche Torwürfe zu blockieren!*

Taktische Grundregeln
Der Angreifer kann seinen Gegenspieler nur durch Prellen und überraschende Torwürfe überwinden. Dabei kommt es darauf an, den Ball vor dem Zugriff des Verteidigers zu schützen und diesen durch geschickte Tempo- und Richtungswechsel sowie Täuschungen zu überspielen.

- ➤ *Schütze den Ball mit deinem Körper!*
- ➤ *Irritiere den Gegenspieler mit Tempowechseln!*
- ➤ *Irritiere den Gegenspieler mit Richtungswechseln!*
- ➤ *Täusche Durchbrüche vor!*
- ➤ *Täusche Torwürfe vor!*
- ➤ *Spiele ab, wenn du keine Möglichkeit zum Durchbruch mehr siehst!*
- ➤ *Spiele ab, wenn du vom Verteidiger angegriffen wirst!*
- ➤ *Laufe dich zum erneuten Anspiel frei!*

Die Aufgabe des Verteidigers besteht darin, den Angreifer beim Raumgewinn durch Prellen zu stören, Bälle herauszuspielen und Torwürfe zu blockieren. Er nimmt seine Position zwischen dem Angreifer und dem Tor ein. Die Breite des Feldes wird in der Weise genutzt, dass der Ballführer möglichst nach außen abgedrängt wird.

- ➤ *Decke den Ballführer in Tornähe eng!*
- ➤ *Halte einen Sicherheitsabstand von ca. einer Armlänge!*
- ➤ *Wähle deine Position zwischen dem Angreifer und dem Tor!*
- ➤ *Agiere mit einer Hand als Führhand!*
- ➤ *Störe den Angreifer und dränge ihn nach außen ab!*
- ➤ *Versuche, dem Preller den Ball herauszuspielen!*
- ➤ *Weiche bei Durchbruchversuchen schnell zurück!*
- ➤ *Versuche, Torwürfe zu blockieren!*
- ➤ *Versuche, Pässe abzufangen!*
- ➤ *Versuche, Fehler zu provozieren!*
- ➤ *Versuche, den Angreifer zu täuschen!*
- ➤ *Zwinge den prellenden Spieler zur Ballaufnahme!*

Das Fintieren

Mit Finten versuchen Angreifer und Verteidiger gegen ihre direkten Gegenspieler zum Erfolg zu kommen. Finten sind Täuschungen. Mit ihnen sollen Bewegungen des Gegenspielers provoziert werden, um auf diese Weise Bewegungs-raum für eigene Aktionen zu schaffen.

Finten gibt es in unterschiedlichster Art. Am meisten praktiziert werden Lauf-, Durchbruch- und Wurffinten. Manche Finte ergibt sich im Laufe zunehmender Spielerfahrung von allein. Für erste Erfahrungen mit dem Antäuschen von Spielhandlungen wollen wir uns hier auf eine wichtige Lauffinte beschränken.

Durchbruchfinte

Die Durchbruchfinte ist eine Täuschung des Angreifers mit Ball. Dieser wurde ihm kurz vorher zugespielt. Bei der Durchbruchfinte wird der Durchbruch mit Prellen zur einen Seite angetäuscht und dann zur anderen Seite durchgeführt. Sie erfolgt zur Wurfarmseite und zur Nicht-Wurfarmseite.

Folgende Bewegungsdetails sind von Bedeutung:

> ➢ *Deutliche Bewegung des gesamten Körpers zur angetäuschten Seite*
> ➢ *Auffangen des Körpers mit einem Ausfallschritt*
> ➢ *Schneller Bewegungswechsel zur anderen Seite am Gegenspieler vor-bei*
> ➢ *Durchbruch mit Prellen in Richtung Tor*

Durchbruchfinte

➤ *Antäuschen mit deutlichem Ausfallschritt*

➤ *schneller Richtungswechsel mit Durchbruch auf der Nicht-Wurfarmseite*

➤ *oder auf der Wurfarmseite*

Übungsformen zur Durchbruchfinte

Durchbruchfinte ohne Gegenspieler
Mit dieser Form wird vor allem die Schrittgestaltung bei der Durchbruchfinte gefestigt. Der Spieler steht mit dem Ball etwa zwei Schritte vor einem kleinen Kasten, der den Gegenspieler markiert. Nach einem Ausfallschritt zur einen Seite bricht er auf der anderen Seite durch und dribbelt in Richtung Tor, wo er die Aktion mit einem Torwurf abschließt.

Durch den kleinen Kasten ist lediglich die Position des Gegenspielers markiert. Die Durchbruchfinte wird nach links und auch nach rechts hin durchgeführt. Durch den Abschluss mit Torwurf wird ein spielgemäßer Zusammenhang hergestellt.

Durchbruchfinte am Gegenspieler
Der Gegenspieler agiert zu Beginn passiv, dann halb-aktiv und schließlich auch aktiv gegen den Angreifer. Die Durchbruchfinte wird nach links und auch nach rechts hin durchgeführt. Durch den Abschluss mit Torwurf wird ein spielgemäßer Zusammenhang hergestellt.

Lauffinte mit Richtungswechsel

Die Lauffinte mit Richtungswechsel ist eine Täuschung des Angreifers ohne Ball. Bei ihr wird die Laufbewegung zu einer Seite angetäuscht und dann zur anderen Seite durchgeführt.

Folgende Bewegungsdetails sind von Bedeutung:

> ➢ *Deutliche Bewegung des gesamten Körpers zur angetäuschten Seite*
> ➢ *Auffangen der Körperbewegung mit einem Ausfallschritt*
> ➢ *Schneller Bewegungswechsel zur anderen Seite am Gegenspieler vorbei*
> ➢ *Anbieten zum Anspiel*

Lauffinte

➤ *Antäuschen mit deutlichem Ausfallschritt*

➤ *schneller Richtungswechsel zur anderen Seite*

➤ *Anbieten zum Anspiel*

Übungsformen zur Lauffinte

Lauffinte ohne Gegenspieler
Mit dieser Form wird vor allem die Schrittgestaltung bei der Lauffinte gefestigt.
Der Spieler steht mit dem Ball etwa zwei Schritte vor einem kleinen Kasten, der
den Gegenspieler markiert. Nach einem Ausfallschritt zur einen Seite bricht er
auf der anderen Seite durch, bekommt den Ball zugepasst und schließt die Akti-
on mit einem Torwurf ab.
Durch den kleinen Kasten ist lediglich die Position des Gegenspielers markiert.
Die Lauffinte wird nach links und auch nach rechts hin durchgeführt. Durch den
Abschluss mit Torwurf wird ein spielgemäßer Zusammenhang hergestellt.

Durchbruchfinte am Gegenspieler
Der Gegenspieler agiert zu Beginn passiv, dann halb-aktiv und schließlich auch aktiv gegen den Angreifer. Die Lauffinte wird nach links und auch nach rechts hin durchgeführt. Das Zuspiel erfolgt zunächst auf der Wurfhandseite, dann auf der Nicht-Wurfhandseite. Durch den Abschluss mit Torwurf wird ein spielgemäßer Zusammenhang hergestellt.

Spielreihe 2: „Torwurfspiele Fintieren"

Finten haben ihre besondere Bedeutung im Zusammenhang mit der Auseinandersetzung des Angreifers mit dem direkten Gegenspieler. Es bietet sich daher an, Erfahrungen mit dem Fintieren gleich im Zusammenhang mit Torwurfspielen anzubieten, auch wenn der Gegenspieler bei den ersten Formen nur passiv auf die Aktionen des Angreifers reagiert. Wir beginnen mit den Spielformen für die Durchbruchfinte und setzen dann mit den Spielformen für die Lauffinte fort.

Spielreihe 2: Torwurfspiele Fintieren
Spiel 9: Durchbruchfinte zum Torwurf

Ein Spieler ist fester Zuspieler. Die anderen erwarten das Zuspiel hinter einem eingestellten kleinen Kasten. Nach Empfang des Balles täuschen sie einen Durchbruch zu einer Seite vor, brechen zur anderen Seite hin durch und schließen die Aktion mit einem Torwurf ab. Das Zuspiel erfolgt von der Wurfarmseite und von der Nicht-Wurfarmseite, der Durchbruch mal nach links und mal nach rechts. Wer geworfen hat, legt den Ball wieder beim Zuspieler ab.

Spielreihe 2: Torwurfspiele Fintieren
Spiel 10: Durchbruchfinte am Gegenspieler

Ein Spieler ist fester Zuspieler, ein anderer fester Gegenspieler auf einer Positi-on vor dem Angreifer in Richtung des Tores. Die Spielaktion beginnt mit dem Zuspiel zum Angreifer. Nach Empfang des Balles täuscht dieser einen Durch-bruch zu einer Seite vor, bricht zur anderen Seite hin durch und schließt die Ak-tion mit einem Torwurf ab. Das Zuspiel erfolgt von der Wurfarmseite und von der Nicht-Wurfarmseite, der Durchbruch mal nach links und mal nach rechts. Wer geworfen hat, legt den Ball wieder beim Zuspieler ab.

Spielreihe 2: Torwurfspiele Fintieren
Spiel 11: Torwurf nach Lauffinte

Ein Spieler ist fester Zuspieler. Die anderen starten in Richtung des Tores, ma-chen vor einem eingestellten Hütchen eine Lauffinte nach links und bekommen den Ball dann zum Torwurf zugespielt. Wer geworfen hat, legt den Ball wieder beim Zuspieler ab.

Spielreihe 2: Torwurfspiele
Spiel12: Torwurf nach Lauffinte am Gegenspieler

Ein Spieler ist fester Zuspieler, ein anderer fester Gegenspieler auf einer Positi-on vor dem Angreifer in Richtung des Tores. Die Werfer starten in Richtung des Tores, machen vor dem eher passiv agierenden Gegenspieler eine Lauffinte nach links und bekommen den Ball dann zum Torwurf zugespielt. Wer geworfen hat, legt den Ball wieder beim Zuspieler ab.

Spielreihe 2: Torwurfspiele
Spiel 13: Torwurf nach Lauffinte am Gegenspieler aus dem Prellen

Ein Spieler ist fester Zuspieler, ein anderer fester Gegenspieler auf einer Position vor dem Angreifer in Richtung des Tores. Die Werfer starten mit Prellen in
Richtung des Tores, passen zum Zuspieler, machen vor dem eher passiv agierenden Gegenspieler eine Lauffinte nach links und bekommen den Ball dann
zum Torwurf zugespielt.

Spielreihe 2: Torwurfspiele
Spiel 14: Torwurf nach Lauffinte am Gegenspieler zur Seite des Zuspielers

Ein Spieler ist fester Zuspieler, ein anderer fester Gegenspieler auf einer Position vor dem Angreifer in Richtung des Tores. Die Werfer starten mit Prellen in Richtung des Tores, passen zum Zuspieler, machen vor dem eher passiv agierenden Gegenspieler eine Lauffinte nach rechts und gehen links auf der Seite des Zuspielers am Gegenspieler vorbei. Dort bekommen sie den Ball dann zum Torwurf zugespielt.

Spielreihe 3: „Spiele auf ein Tor"
Spiel 2: 2 gegen 1

Zielvorstellung

Die Auseinandersetzung 2 gegen 1 ist eine zentrale Standardsituation des Handballspiels. Gespielt wird mit Überzahl im Angriff gegen nur einen Gegenspieler. Überzahlsituationen vereinfachen die Angriffshandlungen und geben dem Angreifer mehr Zeit bei den Wahrnehmungs- und Entscheidungsleistungen. Das Spiel 2 gegen 1 eignet sich deshalb besonders für Spielanfänger im Frühstadium des Spielenlernens. Wenn die technischen und individualtaktischen Voraussetzungen bei den Angreifern noch nicht so gut entwickelt sind, bietet es ausgezeichnete Möglichkeiten, einfache Formen des Zusammenspiels zu thematisieren und spielend zu lernen. Der Spieler ohne Ball lernt vor allem, wie er sich freilaufen und anbieten kann, um den Weg zum Tor freizuspielen, der Spieler mit Ball lernt, seine Entscheidungen in Einschätzung des Mitspieler- und des Gegenspielerverhaltens angemessen zu treffen. Der Verteidiger hat die Aufgabe, sich zum jeweiligen Ballbesitzer so zu positionieren, dass er zwischen diesem und dem Tor Stellung bezieht. Letzterer hat auf diesem Stand der Spielfähigkeit auch in Unterzahl gute Handlungsmöglichkeiten.

Spielgedanke

Zwei Mannschaften spielen gegeneinander auf ein Tor, die eine stellt zwei Angreifer, die andere den Abwehrspieler und den Torwart. Der Ballbesitzer bemüht sich, durch geschicktes Einzel- und Zusammenspiel gegen den Abwehrspieler in eine günstige Torwurfposition zu gelangen. Wenn der Angreifer den Ball verliert, werden die Aufgaben getauscht. Abwehrspieler und Torwart werden zu Angreifern, die gescheiterten Angreifer übernehmen die Aufgaben des Abwehrspielers und des Torwarts. Die neuen Ballbesitzer spielen den Ball zunächst zurück hinter eine vorher festgelegte Markierung und beginnen von hier ihren Angriff.

Spielregeln

Der Ball wird von den angreifenden Spielern immer von einer festgelegten Markierung ins Spiel gebracht. Der Spielraum ist durch Hütchen begrenzt. Die Ballbesitzer greifen an, die anderen verteidigen und hüten das Tor. Der Ballvortrag erfolgt durch Prellen, Passen und Fangen.

Ein Regelverstoß des Angreifers liegt vor,

> ➢ wenn der Ballbesitzer mit dem Ball in der Hand mehr als drei Schritte läuft.
> ➢ wenn der Ball länger als 3 Sekunden gehalten wird.
> ➢ wenn der Ballbesitzer zweimal prellt.
> ➢ wenn der Angreifer den Gegenspieler rempelt oder wegstößt.
> ➢ wenn der Angreifer beim Torwurf übertritt.

Ein Regelverstoß des Verteidigers liegt vor,

> wenn der Verteidiger den Angreifer hält oder stößt.
> wenn der Verteidiger bei der Abwehr des Torwurfes durch den Wurfkreis läuft.
> wenn der Verteidiger dem Angreifer den Ball aus der Hand schlägt oder reißt.

Nach jedem Regelverstoß bekommt der Gegner den Ball. Angreifer und Verteidiger wechseln ihre Positionen. Der Ball wird vom neuen Ballbesitzer von einer Markierung neu ins Spiel gebracht. Das Gleiche geschieht bei Fehlwürfen auf das Tor und auch bei Torerfolg.

Taktische Grundregeln
Der Angreifer kann seinen Gegenspieler durch geschicktes Prellen und durch gutes Zusammenspiel überwinden. Beim Einzelspiel kommt es darauf an, den Ball vor dem Zugriff des Verteidigers zu schützen und diesen durch geschickte Tempo- und Richtungswechsel sowie Täuschungen zu überspielen. Wenn der Ballbesitzer in Bedrängnis gerät, muss der Mitspieler durch geschicktes Stellungsspiel helfen.
Dabei werden eine Reihe von taktischen Grundregeln gelernt, die immer wieder bewusst gemacht werden müssen:

... für den Angreifer mit Ball

> *Prelle in Richtung Tor, solange du freie Bahn hast!*
> *Spiele ab, wenn du vom Verteidiger angegriffen wirst!*
> *Spiele nicht zu früh ab, erst wenn der Verteidiger eindeutig in deine Richtung agiert!*
> *Passe nicht zu dicht am Abwehrspieler vorbei!*
> *Brich durch, wenn sich der Verteidiger zum Mitspieler ohne Ball orientiert!*
> *Entscheide selbst, wenn sich der Verteidiger nicht eindeutig verhält!*
> *Täusche einen Pass an und brich selbst durch!*

... für den Angreifer ohne Ball

> *Beobachte aufmerksam die Aktionen des Abwehrspielers!*
> *Laufe dich so frei, dass du sicher angespielt werden kannst!*
> *Bewege dich nicht auf gleicher Höhe mit deinem Mitspieler!*
> *Laufe heraus aus dem Schatten des Gegenspielers!*

2 gegen 1

Mit zwei Angreifern gegen einen Abwehrspieler zum Torerfolg

Das sind die Regeln:

Fehler des Angreifers
- ➤ *Laufen mit dem Ball in der Hand*
- ➤ *Ball länger als 3 Sekunden halten*
- ➤ *Rempeln und Wegstoßen*
- ➤ *Übertreten beim Torwurf*
- ➤ *Zweimal prellen*

Fehler des Verteidigers
- ➤ *Halten und Stoßen*
- ➤ *Laufen durch den Wurfkreis*
- ➤ *Ball aus der Hand schlagen oder reißen*

Taktik: Darauf achtet besonders ...

- • *im Angriff*
  - ➤ *Laufe in Richtung Tor, solange du freie Bahn hast!*
  - ➤ *Täusche Durchbrüche vor!*
  - ➤ *Spiele ab, wenn du vom Verteidiger angegriffen wirst!*
  - ➤ *Passe nicht zu dicht am Verteidiger vorbei!*
  - ➤ *Brich durch, wenn der Verteidiger sich zum Mitspieler orientiert!*
  - ➤ *Entscheide selbst, wenn der Verteidiger sich nicht eindeutig verhält!*
- • *in der Verteidigung*
  - ➤ *Schränke die Aktionen des Ballführers rechtzeitig ein!*
  - ➤ *Bewege dich zwischen den beiden Angriffsspielern!*
  - ➤ *Wähle deine Position zwischen dem Angreifer und dem Tor!*
  - ➤ *Störe das Abspiel!*
  - ➤ *Versuche den Ball herauszuspielen!*
  - ➤ *Biete einen möglichst großen Abwehrschirm („Scheibenwischer")!*
  - ➤ *Zwinge den prellenden Spieler zur Ballaufnahme!*

> *Laufe in erfolgversprechende Wurfpositionen!*
> *Achte auf die Spielfeldlinien!*

... für beide Angreifer

> *Versucht mit Doppelpass zum Erfolg zu kommen, wenn genug Raum da ist!*

... für den Abwehrspieler

> *Schränke die Aktionen des Ballhalters frühzeitig ein!*
> *Bewege dich zwischen den beiden Angreifern!*
> *Agiere zwischen Ballbesitzer und Tor!*
> *Störe das Abspiel!*
> *Versuche dem Preller den Ball herauszuspielen!*
> *Versuche den Ball abzufangen!*
> *Biete einen möglichst großen Abwehrschirm („Scheibenwischer")!*
> *Versuche, den Angreifer zu täuschen!*
> *Versuche, Fehler zu provozieren!*
> *Versperre den Weg nach innen!*
> *Zwinge den prellenden Spieler zur Ballaufnahme!*

Spielreihe 3: „Spiele auf ein Tor"
Spiel 3: 1 gegen 1

Zielvorstellung

Die Auseinandersetzung 1 gegen 1 ist eine zentrale Standardsituation des Handballspiels. Gespielt wird die Auseinandersetzung des ballbesitzenden Angreifers gegen seinen direkten Gegenspieler. Im direkten wechselseitigen Bezug von Angriffsverhalten und Abwehrverhalten versucht der Ballbesitzer, seinen Gegenspieler prellend mit schnellen Antritten, überraschenden Richtungswechseln und Täuschungen zu überspielen, um frei zum Torwurf zu kommen. Der Abwehrspieler dagegen ist bemüht, dem Angreifer den Ball herauszuspielen, um selbst in den Ballbesitz und damit in die Angriffssituation zu gelangen.

Spielgedanke
Zwei Spieler spielen gegeneinander auf ein Tor, das von einem festen Torwart gehütet wird. Der Ballbesitzer bemüht sich, seinen Gegenspieler durch geschicktes Prellen zu überspielen und in eine günstige Torwurfposition zu gelangen. Wenn der Angreifer den Ball verliert, werden die Aufgaben getauscht. Der Abwehrspieler wird zum Angreifer. Der neue Ballbesitzer spielt den Ball zunächst zurück hinter eine vorher festgelegte Markierung und beginnt von hier seinen Angriff.

Spielregeln
Der Ball wird vom ersten Spieler von einer festgelegten Markierung aus mit Prellen ins Spiel gebracht. Der Ballbesitzer greift an, die andere verteidigt. Der Ballvortrag erfolgt Prellen.

Ein Regelverstoß des Angreifers liegt vor,

> wenn der Ballbesitzer mit dem Ball in der Hand mehr als drei Schritte läuft.
> wenn der Ball länger als 3 Sekunden gehalten wird.
> wenn der Ballbesitzer zweimal prellt.
> wenn der Angreifer den Gegenspieler rempelt oder wegstößt.
> wenn der Angreifer beim Torwurf übertritt.

Ein Regelverstoß des Verteidigers liegt vor,

> wenn der Verteidiger den Angreifer hält oder stößt.
> wenn der Verteidiger bei der Abwehr des Torwurfes durch den Wurfkreis läuft.
> wenn der Verteidiger dem Angreifer den Ball aus der Hand schlägt oder reißt.

Nach jedem Regelverstoß bekommt der Gegner den Ball. Angreifer und Verteidiger wechseln ihre Positionen. Der Ball wird vom neuen Ballbesitzer von einer Markierung neu ins Spiel gebracht. Das Gleiche geschieht bei Fehlwürfen auf das Tor und auch bei Torerfolg.

Taktische Grundregeln

Der Angreifer kann seinen Gegenspieler nur durch Prellen und überraschende Torwürfe überwinden. Dabei kommt es darauf an, den Ball vor dem Zugriff des Verteidigers zu schützen und diesen durch geschickte Tempo- und Richtungswechsel sowie Täuschungen zu überspielen.

> ➤ *Schütze den Ball mit deinem Körper!*
> ➤ *Irritiere den Gegenspieler mit Tempowechseln!*
> ➤ *Irritiere den Gegenspieler mit Richtungswechseln!*
> ➤ *Täusche Durchbrüche vor!*
> ➤ *Täusche Torwürfe vor!*

Die Aufgabe des Verteidigers besteht darin, den Angreifer beim Raumgewinn durch Prellen zu stören, Bälle herauszuspielen und Torwürfe zu blockieren. Er nimmt seine Position zwischen dem Angreifer und dem Tor ein. Die Breite des Feldes wird in der Weise genutzt, dass der Ballführer möglichst nach außen abgedrängt wird.

> ➤ *Decke den Ballführer in Tornähe eng!*
> ➤ *Halte einen Sicherheitsabstand von ca. einer Armlänge!*
> ➤ *Wähle deine Position zwischen dem Angreifer und dem Tor!*
> ➤ *Agiere mit einer Hand als Führhand!*
> ➤ *Störe den Angreifer und dränge ihn nach außen ab!*
> ➤ *Versuche dem Preller den Ball herauszuspielen!*
> ➤ *Weiche bei Durchbruchversuchen schnell zurück!*
> ➤ *Versuche Torwürfe zu blockieren!*
> ➤ *Zwinge den prellenden Spieler zur Ballaufnahme!*

1 gegen 1

Mit Dribbeln gegen einen Gegenspieler zum Torerfolg

Das sind die Regeln:

Fehler des Angreifers

- ➢ *Laufen mit dem Ball in der Hand*
- ➢ *Ball länger als 3 Sekunden halten*
- ➢ *Rempeln und Wegstoßen*
- ➢ *Übertreten beim Torwurf*
- ➢ *Zweimal prellen*

Fehler des Verteidigers

- ➢ *Halten und Stoßen*
- ➢ *Laufen durch den Wurfkreis*
- ➢ *Ball aus der Hand schlagen oder reißen*

Taktik: Darauf achtet besonders ...

- • **im Angriff**
  - ➢ *Schütze den Ball mit deinem Körper!*
  - ➢ *Irritiere den Gegenspieler mit Tempowechseln!*
  - ➢ *Irritiere den Gegenspieler mit Richtungswechseln!*
  - ➢ *Täusche Durchbrüche vor!*
  - ➢ *Täusche Torwürfe vor!*
- • **in der Verteidigung**
  - ➢ *Decke den Ballführer in Tornähe eng!*
  - ➢ *Halte einen Sicherheitsabstand von ca. einer Armlänge!*
  - ➢ *Wähle deine Position zwischen dem Angreifer und dem Tor!*
  - ➢ *Agiere mit einer Hand als Führhand!*
  - ➢ *Störe den Angreifer und dränge ihn nach außen ab!*
  - ➢ *Versuche dem Preller den Ball herauszuspielen!*
  - ➢ *Weiche bei Durchbruchversuchen schnell zurück!*
  - ➢ *Versuche Torwürfe zu blockieren!*

Spielreihe 1: „Spiele auf zwei Tore"
SPIEL 3: 4+1 auf halbem Feld quer

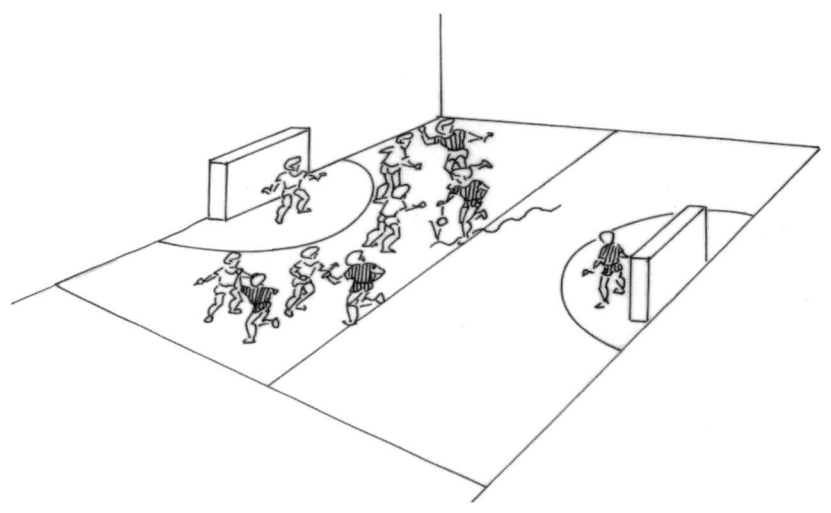

Zielvorstellung

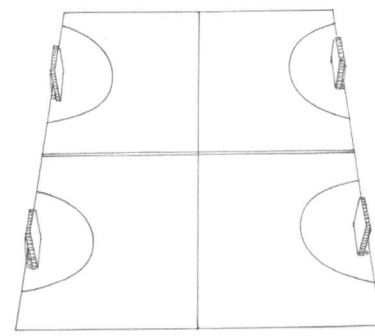

Die Möglichkeiten, das Spielfeld zu vergrößern, sind in einem Hallendrittel beschränkt. Die Vergrößerung des Spielfeldes auf die Hälfte des zur Verfügung stehenden Hallendrittels führt notgedrungen dazu, dass nur noch zwei Spielpaarungen gleichzeitig spielen können. Das Spiel auf diesem vergrößerten Spielfeld führt zu einer Öffnung des Spiels zu den Seiten. Der Angreifer kann das Spiel mehr auseinanderziehen. Das schafft ihm Raum um den gesamten Wurfkreis herum, weil jeder Angreifer auch einen Verteidiger mitnimmt, wenn er sich nach außen hin bewegt. Der Angreifer hat es leichter, Raum auf dem Weg zum gegnerischen Tor schaffen. Der Verteidiger muss seine Aktionen jetzt bewusster auf das Spielverhalten der Angreifer abstimmen.

Spielgedanke

Zwei Mannschaften spielen gegeneinander. Sie bemühen sich, den Ball in ihren Besitz zu bekommen, durch Zusammenspiel mit Passen und Fangen und durch geschicktes Prellen das Spielfeld zu überbrücken und einen ihrer Spieler in eine günstige Torwurfposition zu spielen.

Spielregeln

Der Ball wird von einer Mannschaft an der Mitte des Spielfeldes mit einem Pass zum Mitspieler ins Spiel gebracht. Die ballbesitzende Mannschaft greift an, die andere verteidigt. Der Ballvortrag erfolgt mit Passen, Fangen und Prellen.

Ein Regelverstoß des Angreifers liegt vor,

> ➢ wenn der Ballbesitzer mit dem Ball in der Hand mehr als drei Schritte läuft.
> ➢ wenn der Ball länger als 3 Sekunden gehalten wird.
> ➢ wenn der Ballbesitzer zweimal prellt.
> ➢ wenn der Angreifer den Gegenspieler rempelt oder wegstößt.
> ➢ wenn der Angreifer beim Torwurf übertritt.

Ein Regelverstoß des Verteidigers liegt vor,

> ➢ wenn der Verteidiger den Angreifer hält oder stößt.
> ➢ wenn der Verteidiger bei der Abwehr des Torwurfes durch den Wurfkreis läuft.
> ➢ wenn der Verteidiger dem Angreifer den Ball aus der Hand schlägt oder reißt.

Nach jedem Regelverstoß bekommt der Gegner den Ball zum Freiwurf von der Stelle, an der der Regelverstoß begangen wurde. Wenn der Gegner zur Torabwehr durch den Torkreis läuft, bekommt der Angreifer einen Strafwurf von einer Position 1m vor dem Torkreis.

Taktische Grundregeln

Gespielt wird nach wie vor mit Manndeckung. Jeder Spieler hat seinen Gegenspieler, den er etwa von der Mittellinie an eng deckt.

Für den Angreifer gilt es, den Ball durch geschicktes Stellungsspiel, durch Freilaufen aus dem Deckungsschatten heraus, durch Anbieten und durch geschicktes Freiprellen den Weg zum Torwurf zu wählen oder einen seiner Spieler in eine erfolgversprechende Torwurfposition zu spielen.

> ➢ *Stelle Blickkontakt zum Partner her!*
> ➢ *Passe erst, wenn der Partner sich frei anbietet!*
> ➢ *Laufe aus dem Deckungsschatten deines Gegenspielers!*

4 + 1 auf halbem Feld quer

Mit Passen und Fangen und Prellen zum Torwurf

Das sind die Regeln:

Fehler des Angreifers
➢ *Laufen mit dem Ball in der Hand*
➢ *Ball länger als 3 Sekunden halten*
➢ *Rempeln und Wegstoßen*
➢ *Übertreten beim Torwurf*
➢ *Zweimal prellen*

Fehler des Verteidigers
➢ *Halten und Stoßen*
➢ *Laufen durch den Wurfkreis*
➢ *Ball aus der Hand schlagen oder reißen*

Taktik: Darauf achtet besonders ...

- *im Angriff*
  ➢ *Passe erst, wenn der Partner sich frei anbietet!*
  ➢ *Laufe aus dem Deckungsschatten deines Gegenspielers!*
  ➢ *Öffne Passwege und biete dich an!*
  ➢ *Eigensinniges Prellen vermeiden!*
  ➢ *Freiprellen zum Tor, wenn sich eine Gelegenheit ergibt!*

- *in der Verteidigung*
  ➢ *Den Gegenspieler ab der Mittellinie decken!*
  ➢ *Zwischen Angreifer und Tor bewegen!*
  ➢ *Ballführer stören!*
  ➢ *Ballführer nach außen abdrängen!*

> *Öffne Passwege und biete dich an!*
> *Hilf dem Ballbesitzer, indem du dich frei läufst!*
> *Vermeide das Prellen, wenn der Mitspieler in günstigerer Position ist!*
> *Bevorzuge den Pass, wenn du angegriffen wirst!*
> *Prelle dich zum Tor hin frei, wenn sich eine Gelegenheit ergibt!*

Die Aufgabe des Verteidigers besteht darin, den Angreifer beim Raumgewinn durch Prellen zu stören, Bälle herauszuspielen, Abspiele zu stören und Passwege zu verhindern, Pässe abzufangen und Torwürfe zu blockieren. Er nimmt seine Position zwischen dem Angreifer und dem Tor ein. Die neue Breite des Feldes wird in der Weise genutzt, dass der Ballführer möglichst nach außen abgedrängt wird.

> *Decke den Ballführer etwa ab der Mittellinie eng!*
> *Wähle deine Position zwischen dem Angreifer und dem Tor!*
> *Störe den Ballführer und dränge ihn nach außen ab!*
> *Versuche dem Ballführer den Ball herauszuspielen!*
> *Verstelle die Passwege zu freistehenden Angreifern!*
> *Versuche Torwürfe zu blockieren!*

Übungsformen für Passen und Fangen

Übungsformen zum Passen und Fangen verbessern das technische Niveau der Spieler, deren Zusammenspiel im Spiel 4 + 1 bisher nur diese Techniken erlaubt. Von der Vielzahl der Formen werden hier schwerpunktmäßig die ausgewählt, die in Mannschaftsstärke durchgeführt werden können. Das Üben in Mannschaftsstärke schweißt die noch jungen Mannschaften zusammen, stärkt ihr soziales Gefüge und die mannschaftliche Geschlossenheit. Gepasst wird mit rechts und mit links, direkt und indirekt über den Boden und auch in der Weise, dass von einer Seite direkt und von der anderen indirekt, von einer Seite mit rechts und von der anderen mit links geworfen wird.

Linie mit wechselndem Zuspieler

Ein Spieler übernimmt die Aufgabe des Zuspielers, die anderen stehen nebeneinander in Passentfernung vor ihm. Jeder Spieler wird einmal angespielt. Dann rückt der nächste als Zuspieler nach vorne.

Passen und laufen

Die Spieler einer Mannschaft stellen sich in zwei Gruppen gegenüber auf. Sie passen sich den Ball zu und laufen ihrem Pass hinterher auf die andere Seite.

Fester Zuspieler

Ein Spieler ist fester Zuspieler. Er steht in Passentfernung vor den anderen und spielt diesen den Ball der Reihe nach zu. Wer gepasst hat, stellt sich wieder hinten an.

Immer über die Mitte

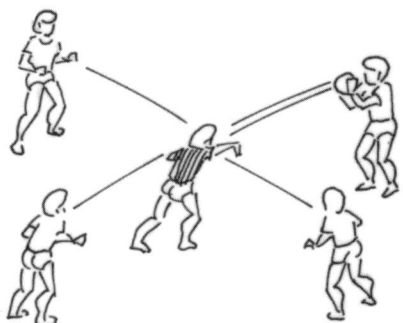

Ein Spieler steht als fester Zuspieler in der Mitte. Er passt den Ball nach außen zu den um ihn herum postierten Mitspielern und bekommt jeden Ball wieder zurück. Das Zuspiel läuft rechtsherum oder linksherum oder ohne festen Umlaufsinn.

Kreispass

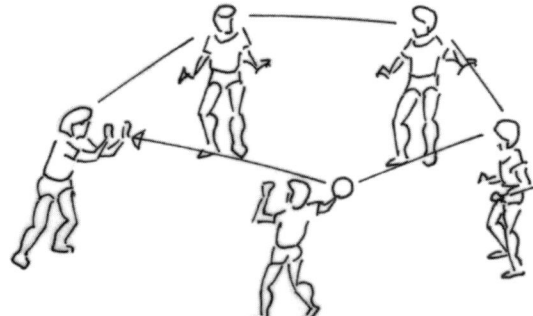

Die Spieler stellen sich im Kreis in Passentfernung zueinander auf. Sie passen sich den Ball in vorher festgelegtem Umlaufsinn zu.

Freie Passwege
Die Spieler stellen sich im Kreis in Passentfernung zueinander auf. Sie passen sich den Ball in nicht festgelegter Reihenfolge zu, d.h. jeder muss damit rechnen, angespielt zu werden.

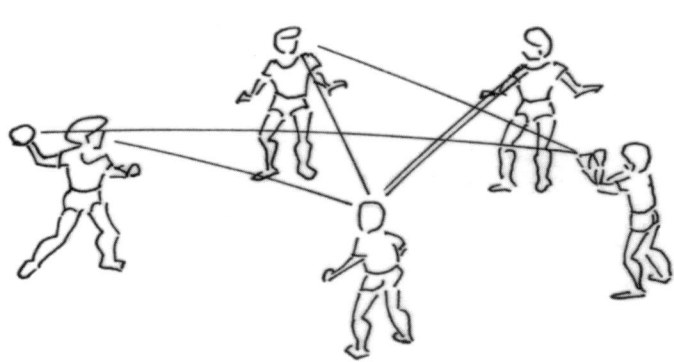

Fester Zuspieler in der Mitte
Ein Spieler steht in der Mitte zwischen zwei Gruppen. Er passt den Ball abwechselnd der einen und dann der anderen Gruppe zu. Wer gepasst hat, schließt
wieder hinten an.

Über die Mitte mit Nachlaufen
Ein Spieler steht in der Mitte zwischen zwei Gruppen. Er spielt den Ball abwechselnd zur einen und dann zur anderen Gruppe. Von dort bekommt er den
Ball immer zurück, während der Rückspieler mit schnellem Lauf die Seite
wechselt.

Im Dreieck mit Nachlaufen

Diese Form geht immer dann,
wenn vier oder mehr Spieler in
einer Übungsgruppe sind. Sie stellen sich in Passentfernungen voneinander entfernt im Dreieck auf
und beginnen dort, wo an einer
Ecke mehrere Spieler stehen. Der
Ball wird zur nächsten Ecke gepasst, und jeder läuft seinem Pass
hinterher.

Hin und her vor dem Passspieler

Ein Spieler ist fester Passspieler. Er passt den Ball abwechselnd nach links und rechts und bekommt ihn immer wieder zurück. Die Rückspieler wechseln mit schnellem Lauf die Seite.

Hin und her zwischen zwei Passspielern

Zwei feste Zuspieler stehen auf verschiedenen Seiten einer zwischen ihnen hin- und herwechselnden Gruppe. Der von einem Zuspieler zugespielte Ball wird zum anderen Zuspieler weitergepasst. Auf diese Weise beschreibt der Ballweg fortwährend ein Viereck. Wer den Ball weitergepasst hat, wechselt in schnellem Lauf die Seite.

Alles in Bewegung

Die Spieler der Mannschaft laufen auf frei gewählten Wegen umeinander herum und passen sich den Ball in beliebiger Reihenfolge zu. Dabei kommt es zur Ballannahme in der Bewegung und auch zum Werfen aus dem Anlauf.

Spielreihe 1: „Spiele auf zwei Tore"
SPIEL 4: 4+1
Schwerpunkt: Schiedsrichtertätigkeit

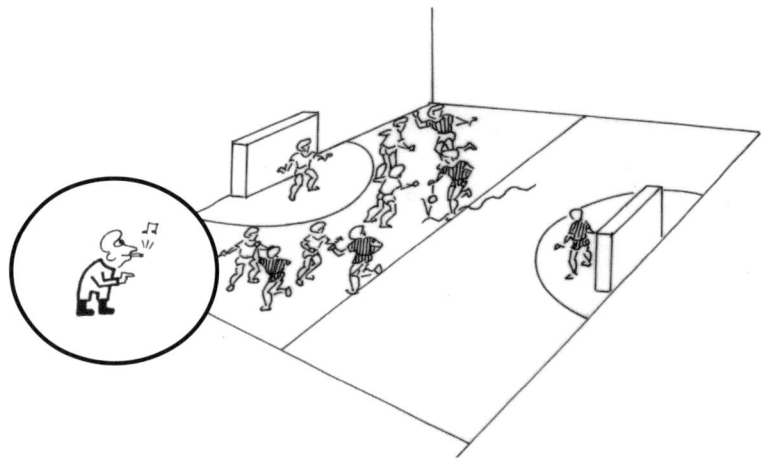

Zielvorstellung

Das Gelingen des Spiels ist davon abhängig, dass die Spielregeln eingehalten werden und ihre Einhaltung auch kontrolliert wird. Wenn mehrere Spielpaarungen gleichzeitig spielen, geht das nur in der Weise, dass die Spieler ihre Spiele selbst regeln und schon als Anfänger auch Schiedsrichterfunktionen übernehmen. Das ist auch für den Lernprozess von Vorteil, denn durch die Schiedsrichtertätigkeit werden die Regeln und das regelgerechte Verhalten bewusst gemacht. In der Übernahme von Schiedsrichterfunktionen durch die Spieler selbst liegt aber auch die Chance für soziale Lernprozesse, geht es doch darum, Regelverstöße zuzugeben und die Entscheidungen des Schiedsrichters ohne Widerspruch hinzunehmen. Die Spieler lernen, mit Kritik umzugehen, wenn sie als Schiedsrichter das Spielverhalten beurteilen müssen, und als Betroffene auf Einwände nicht gekränkt zu reagieren und Entscheidungen zu akzeptieren, auch wenn diese von einem Mitschüler getroffen werden. Die schon erworbene Sicherheit im Spiel ist eine gute Voraussetzung für diesen Schwerpunkt.

Spielgedanke

Zwei Mannschaften bemühen sich, den Ball in ihren Besitz zu bekommen, durch Zusammenspiel mit Werfen/Passen und Fangen und Prellen das Spielfeld zu überbrücken und einen ihrer Spieler in eine gute Torwurfposition zu bringen.

Spielregeln
Der Ball wird von einer Mannschaft an der Mitte des Spielfeldes mit einem Pass zum Mitspieler ins Spiel gebracht. Die ballbesitzende Mannschaft greift an, die andere verteidigt. Der Ballvortrag erfolgt mit Passen, Fangen und Prellen. Die Spielleitung wird von den Spielanfängern selbst übernommen. Je einer von ihnen erhält dafür eine Schiedsrichterpfeife. Da mehrere Spiele auf relativ engem Raum nebeneinander stattfinden, ist es sinnvoll, Pfeifen mit unterschiedlichen Klängen zu wählen, um die Paarungen akustisch voneinander abzugrenzen. Die Lehrkraft wechselt von Feld zu Feld und unterstützt die Schiedsrichter bei der Ausführung ihrer Tätigkeit.

Ein Regelverstoß des Angreifers liegt vor,

> ➤ wenn der Ballbesitzer mit dem Ball in der Hand mehr als drei Schritte läuft.
> ➤ wenn der Ball länger als 3 Sekunden gehalten wird.

> ➤ wenn der Angreifer den Ball mehr als einmal prellt.
> ➤ wenn der Angreifer den Gegenspieler rempelt oder wegstößt.
> ➤ wenn der Angreifer beim Torwurf übertritt.

Ein Regelverstoß des Verteidigers liegt vor,

> ➤ wenn der Verteidiger den Angreifer hält oder stößt.
> ➤ wenn der Verteidiger bei der Abwehr des Torwurfes durch den Wurfkreis läuft.
> ➤ wenn der Verteidiger dem Angreifer den Ball aus der Hand schlägt oder reißt.

Nach jedem Regelverstoß bekommt der Gegner den Ball zum Freiwurf von der Stelle, an der der Regelverstoß begangen wurde. Wenn der Gegner zur Torabwehr durch den Torkreis läuft, bekommt der Angreifer einen Strafwurf von einer Position 1m vor dem Torkreis.

4 + 1
Schwerpunkt: Schiedsrichtertätigkeit

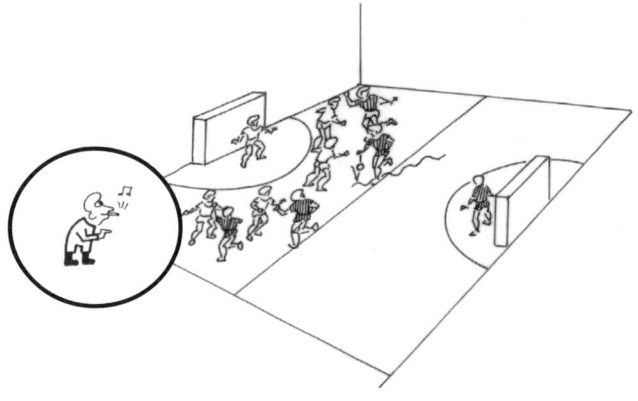

Die Spieler schiedsrichten sich selbst.

Der Schiedsrichter unterbricht das Spiel,

➤ wenn der Ballbesitzer mit dem Ball in der Hand mehr als drei Schritte läuft.
➤ wenn der Ball länger als 3 Sekunden gehalten wird.
➤ wenn der Angreifer den Ball mehr als einmal prellt.
➤ wenn der Angreifer den Gegenspieler rempelt oder wegstößt.

➤ wenn der Angreifer beim Torwurf übertritt.

➤ wenn der Verteidiger den Angreifer hält oder stößt.

➤ wenn der Verteidiger bei der Abwehr des Torwurfes durch den Wurfkreis läuft.
➤ wenn der Verteidiger dem Angreifer den Ball aus der Hand schlägt oder reißt.

Taktische Grundregeln

Schwerpunkte taktischen Verhaltens und damit taktischer Handlungsanweisungen liegen sowohl auf dem Zusammenspiel im Angriff als auch auf dem Stören dieses Zusammenspiels durch die verteidigende Mannschaft.

Das Zusammenspiel ist vom taktischen Verhalten von Passgeber und Passempfänger abhängig.

Für den Passgeber gilt:

> ➢ *Stelle Blickkontakt zum Partner her!*
> ➢ *Passe erst, wenn der Partner sich frei anbietet!*

Für den Passempfänger gilt:

> ➢ *Laufe aus dem Deckungsschatten deines Gegenspielers!*
> ➢ *Öffne Passwege und biete dich an!*
> ➢ *Hilf dem Ballbesitzer, indem du dich freiläufst!*

Für den Preller gilt:

> ➢ *Prelle mit der dem Gegenspieler abgewandten Hand!*
> ➢ *Schütze den Ball mit dem Körper!*
> ➢ *Vermeide das Prellen, wenn der Mitspieler in günstigerer Position ist!*
> ➢ *Bevorzuge den Pass, wenn du angegriffen wirst!*

Für den Verteidiger gilt:

> ➢ *Decke deinen Gegenspieler, wenn er die Mittellinie überschreitet!*
> ➢ *Decke den Weg zwischen Ball und Tor!*
> ➢ *Dränge den Ballführer nach außen ab!*
> ➢ *Versuche, Passwege zu schneiden!*

Übungsformen für das Passen und Fangen in der Bewegung

Der Ball wird bei diesen Übungsformen mit allen Varianten der den Spielern bekannten Pässe zugespielt.

142

Den Mitspieler suchen
Zwei oder mehrere Mannschaften spielen im selben Feld. Jede Mannschaft besitzt einen Ball. Dieser wird in den eigenen Reihen in der Bewegung zugepasst. Direkte Rückpässe sind nicht erlaubt.

Nummern-Zuspiel
Zwei oder mehrere Mannschaften spielen im selben Feld. Die Spieler jeder Mannschaft sind durchnummeriert. Jede Mannschaft besitzt einen Ball und spielt diesen in festgelegter Reihenfolge zu, während sich alle umeinander herum bewegen: eins zu zwei, zwei zu drei usw.

Pässe zählen

Zwei oder mehr Mannschaften spielen in einem Feld. Jede Mannschaft hat einen Ball, der in der eigenen Mannschaft zugepasst wird. Die gelungenen Pässe werden laut gezählt, Rückpässe sind nicht erlaubt. Wer schafft 20, 30 usw. Pässe?

Zehnerpass

Zwei Mannschaften spielen gegeneinander. Ziel ist es, den Ball zehnmal in den eigenen Reihen zuzuspielen. Wer das schafft, bekommt einen „großen Punkt". Wer den Ball vorher verliert, verliert auch die bis dahin gezählten Pässe.

Zehnerpass mit Prellen

Überaus bewegungsreich werden die Zehnerpassspiele, wenn der Ballbesitzer auch prellen darf. Da nur gelungene Pässe gezählt werden, sind überzogene Alleingänge prellender Spieler nicht zu befürchten.

Zehnter an die Wand

Zwei Mannschaften spielen in einem Spielfeld, das mindestens durch eine Wand abgegrenzt ist, gegeneinander. Ziel ist es, den Ball zehnmal in den eigenen Reihen zuzuspielen und den zehnten oder einen der nächsten Pässe so zu werfen, dass er einen Mitspieler als Abpraller von der Wand erreicht. Erst dann gibt es den „großen Punkt".

Spielreihe 3: „Spiele auf ein Tor"
SPIEL 4: 2 gegen 2

Zielvorstellung

Das erfolgreiche Spielen im Spiel 2 gegen 1 mit einer Überzahl im Angriff ist unbedingte Voraussetzung für dieses Spiel in dieser Standardsituation, die als fundamentaler Baustein des Handballspiels gilt. Im 2 gegen 2 vervollständigen die Spieler die Formen des Zusammenspiels im Angriff und in der Verteidigung. Die sehr dichten Ballkontakte bedeuten für den Angreifer eine deutliche Steigerung der Schwierigkeit gegenüber dem 2 gegen 1.

Die Spielmöglichkeiten des Angreifers erstrecken sich vom Einzelspiel bis hin zum Zusammenspiel. Der Ballführer lernt die Situationen einzuschätzen, wann er sich zum Tor hin freiprellen oder mit einer Finte durchbrechen kann bzw. wann das Abspiel die bessere Lösung ist. Er darf nicht unüberlegt prellen, sondern nur, wenn die Situation es erfordert, denn wenn er den Ball nach dem Prellen aufnimmt, sind seine Handlungsmöglichkeiten beschränkt. Das Eindringen zwischen die beiden Verteidiger kann den zweiten Verteidiger zum Eingreifen zwingen, so dass der Mitspieler frei angespielt werden kann.

Der nicht ballbesitzende Angreifer lernt, sich aus dem Deckungsschatten zu lösen und sich zum Anspiel anzubieten. Er hat die Aufgabe, „raumentlastend" zu agieren, d.h. er darf den Raum durch sein Verhalten nicht eng machen, sondern muss im Gegenteil für Weite des Raumes sorgen. Besondere Aufmerksamkeit richtet er auf die Aktionen seines Mitspielers, denn wenn dieser nach dem Prellen den Ball aufgenommen hat, braucht er eine Anspielstation. Schon wenn der Mitspieler das Prellen beginnt, setzt er sich unter den Zwang, den Durchbruch erfolgreich zu beenden oder aber abzubrechen. Im letzteren Fall braucht er eine Anspielstation. Wenn sein eigener Abwehrspieler mit eingreift, bieten sich gute Möglichkeiten zum Freilaufen und Anbieten.

Der Verteidiger lernt, den jeweiligen Ballbesitzer eng zu decken, ein Freiprellen oder Durchbrechen in Richtung des Tores zu verhindern und Torwürfe zu blockieren. Erfolgt ein Freiprellen in die „heiße Zone" zum Torwurf, muss der zweite Verteidiger mit aushelfen. Diese Entscheidung muss auch immer dann erwogen werden, wenn der Ballbesitzer dem direkten Gegenspieler gegenüber einen Bewegungsvorsprung in Richtung Tor erarbeiten konnte. Dann wird der zweite Abwehrspieler seinen Gegenspieler verlassen und aushelfen.

Spielgedanke

Zwei Mannschaften spielen gegeneinander auf ein Tor, die eine stellt zwei Angreifer, die andere zwei Abwehrspieler. Der Torwart ist fest. Die Ballbesitzer bemühen sich, durch geschicktes Einzel- und Zusammenspiel gegen die Abwehrspieler in eine günstige Torwurfposition zu gelangen. Wenn der Angreifer den Ball verliert, werden die Aufgaben getauscht. Die Abwehrspieler werden zu Angreifern, die gescheiterten Angreifer übernehmen die Aufgaben der Verteidigung. Die neuen Ballbesitzer spielen den Ball zunächst zurück hinter eine vorher festgelegte Markierung und beginnen von hier ihren Angriff.

Spielregeln

Der Ball wird von den angreifenden Spielern immer von einer festgelegten Markierung ins Spiel gebracht. Die Ballbesitzer greifen an, die anderen verteidigen. Der Ballvortrag erfolgt durch Prellen, Passen und Fangen.

Ein Regelverstoß des Angreifers liegt vor,

- ➢ wenn der Ballbesitzer mit dem Ball in der Hand mehr als drei Schritte läuft.
- ➢ wenn der Ball länger als 3 Sekunden gehalten wird.
- ➢ wenn der Ballbesitzer zweimal prellt.
- ➢ wenn der Angreifer den Gegenspieler rempelt oder wegstößt.
- ➢ wenn der Angreifer beim Torwurf übertritt.

Ein Regelverstoß des Verteidigers liegt vor,

- ➢ wenn der Verteidiger den Angreifer hält oder stößt.
- ➢ wenn der Verteidiger bei der Abwehr des Torwurfes durch den Wurfkreis läuft.
- ➢ wenn der Verteidiger dem Angreifer den Ball aus der Hand schlägt oder reißt.

Nach jedem Regelverstoß bekommt der Gegner den Ball. Angreifer und Verteidiger wechseln ihre Positionen. Der Ball wird vom neuen Ballbesitzer von einer
Markierung neu ins Spiel gebracht. Das Gleiche geschieht bei Fehlwürfen auf
das Tor und auch bei Torerfolg.

Taktische Grundregeln
Der Angreifer kann seinen Gegenspieler durch geschicktes Prellen, Durchbrechen oder Fintieren und durch gutes Zusammenspiel überwinden. Beim Einzelspiel kommt es darauf an, den Ball vor dem Zugriff des Verteidigers zu schützen
und diesen durch geschickte Tempo- und Richtungswechsel sowie Täuschungen
zu überspielen. Wenn der Ballbesitzer in Bedrängnis gerät, muss der Mitspieler
durch geschicktes Stellungsspiel helfen.
Dabei werden eine Reihe von taktischen Grundregeln gelernt, die immer wieder
bewusst gemacht werden müssen:

... für den Angreifer mit Ball

> ➢ *Prelle in Richtung Tor, solange du freie Bahn hast!*
> ➢ *Spiele ab, wenn du vom Verteidiger angegriffen wirst!*
> ➢ *Spiele nicht zu früh ab, erst wenn der Verteidiger eindeutig in deine Richtung agiert!*
> ➢ *Passe nicht zu dicht am Abwehrspieler vorbei!*
> ➢ *Brich durch, wenn sich der Verteidiger zum Mitspieler ohne Ball ori- entiert!*
> ➢ *Entscheide selbst, wenn sich der Verteidiger nicht eindeutig verhält!*
> ➢ *Täusche einen Pass an und brich selbst durch!*

... für den Angreifer ohne Ball

> ➢ *Beobachte aufmerksam die Aktionen des Abwehrspielers!*
> ➢ *Laufe dich so frei, dass du sicher angespielt werden kannst!*
> ➢ *Bewege dich nicht auf gleicher Höhe mit deinem Mitspieler!*
> ➢ *Laufe heraus aus dem Schatten des Gegenspielers!*
> ➢ *Laufe in erfolgversprechende Wurfpositionen!*
> ➢ *Achte auf die Spielfeldlinien!*

... für beide Angreifer

> ➢ *Versucht mit Doppelpass zum Erfolg zu kommen, wenn genug Raum da ist!*

2 gegen 2

Mit zwei Angreifern gegen einen Abwehrspieler zum Torerfolg

Das sind die Regeln:

Fehler des Angreifers

> ➢ *Laufen mit dem Ball in der Hand*
> ➢ *Ball länger als 3 Sekunden halten*
> ➢ *Rempeln und Wegstoßen*
> ➢ *Übertreten beim Torwurf*
> ➢ *Zweimal prellen*

Fehler des Verteidigers

> ➢ *Halten und Stoßen*
> ➢ *Laufen durch den Wurfkreis*
> ➢ *Ball aus der Hand schlagen oder reißen*

Taktik: Darauf achtet besonders ...

- **im Angriff**
  > ➢ *Laufe in Richtung Tor, solange du freie Bahn hast!*
  > ➢ *Täusche Durchbrüche vor!*
  > ➢ *Spiele ab, wenn du vom Verteidiger angegriffen wirst!*
  > ➢ *Passe nicht zu dicht am Verteidiger vorbei!*
  > ➢ *Brich durch, wenn der Verteidiger sich zum Mitspieler orientiert!*
  > ➢ *Entscheide selbst, wenn der Verteidiger sich nicht eindeutig verhält!*
- **in der Verteidigung**
  > ➢ *Schränke die Aktionen des Ballführers rechtzeitig ein!*
  > ➢ *Bewege dich zwischen den beiden Angriffsspielern!*
  > ➢ *Wähle deine Position zwischen dem Angreifer und dem Tor!*
  > ➢ *Störe das Abspiel!*
  > ➢ *Versuche den Ball herauszuspielen!*
  > ➢ *Biete einen möglichst großen Abwehrschirm („Scheibenwischer")!*
  > ➢ *Zwinge den Ballführer zur Ballaufnahme!*

... für den Abwehrspieler

> ➤ *Schränke die Aktionen des Ballhalters frühzeitig ein!*
> ➤ *Bewege dich zwischen den beiden Angreifern!*
> ➤ *Agiere zwischen Ballbesitzer und Tor!*
> ➤ *Störe das Abspiel!*
> ➤ *Versuche dem Preller den Ball herauszuspielen!*
> ➤ *Versuche den Ball abzufangen!*
> ➤ *Biete einen möglichst großen Abwehrschirm („Scheibenwischer")*
> ➤ *Versuche, den Angreifer zu täuschen!*
> ➤ *Versuche, Fehler zu provozieren!*
> ➤ *Versperre den Weg nach innen!*
> ➤ *Zwinge den prellenden Spieler zur Ballaufnahme!*

Spielreihe 1: „Spiel auf zwei Tore"
Spiel 5: 4 + 1 auf ganzem Feld mit Manndeckung

Zielvorstellung
Die Vergrößerung des Spielfeldes auf ein Hallendrittel führt notgedrungen dazu, dass nur noch zwei Mannschaften gleichzeitig spielen können. Es wird im Unterricht deshalb nur selten eingesetzt werden können, weil es automatisch dazu führt, dass der Rest der Klasse zuschauen muss. Anders sieht es aus, wenn man mal zwei Hallendrittel zur Verfügung hat. Dann kommt wieder mit Schiedsrichtern und Auswechselspielern die ganze Klasse gleichzeitig zum Einsatz.

Trotzdem ist das 4 + 1 in einem Hallendrittel mit Manndeckung das erste Zielspiele dieses Lehrvorschlages, und es sollte alles Organisatorische getan werden, damit derjenige, der mit seiner Klasse Handball spielt, oft zwei Hallenteile zur Verfügung hat.

Das Spiel auf dem verdoppelten Spielfeld führt zu einer weiteren Öffnung des Spiels zu allen Seiten. Der Angreifer kann das Spiel mehr auseinanderziehen. Das schafft ihm Raum um den gesamten Wurfkreis herum, weil jeder Angreifer auch einen Verteidiger mitnimmt, wenn er sich nach außen hin bewegt. Der Angreifer hat es darüber hinaus leichter, Raum auf dem Weg zum gegnerischen Tor zu schaffen. Der Verteidiger muss seine Aktionen jetzt bewusster auf das Spielverhalten der Angreifer abstimmen.

Spielgedanke
Zwei Mannschaften spielen gegeneinander. Sie bemühen sich, den Ball in ihren Besitz zu bekommen, durch Zusammenspiel mit Passen und Fangen und durch geschicktes Prellen das Spielfeld zu überbrücken und einen ihrer Spieler in eine günstige Torwurfposition zu spielen.

Spielregeln
Der Ball wird von einer Mannschaft an der Mitte des Spielfeldes mit einem Pass zum Mitspieler ins Spiel gebracht. Die ballbesitzende Mannschaft greift an, die andere verteidigt. Der Ballvortrag erfolgt mit Passen, Fangen und Prellen.

Ein Regelverstoß des Angreifers liegt vor,

> wenn der Ballbesitzer mit dem Ball in der Hand mehr als drei Schritte läuft.
> wenn der Ball länger als 3 Sekunden gehalten wird.
> wenn der Ballbesitzer zweimal prellt.
> wenn der Angreifer den Gegenspieler rempelt oder wegstößt.
> wenn der Angreifer beim Torwurf übertritt.

Ein Regelverstoß des Verteidigers liegt vor,

> wenn der Verteidiger den Angreifer hält oder stößt.

> wenn der Verteidiger bei der Abwehr des Torwurfes durch den Wurfkreis läuft.
> wenn der Verteidiger dem Angreifer den Ball aus der Hand schlägt oder reißt.

4 + 1 auf ganzem Feld mit Manndeckung

Mit Passen und Fangen und Prellen zum Torwurf

Das sind die Regeln:

Fehler des Angreifers
> *Laufen mit dem Ball in der Hand*
> *Ball länger als 3 Sekunden halten*
> *Rempeln und Wegstoßen*
> *Übertreten beim Torwurf*
> *Zweimal prellen*

Fehler des Verteidigers
> *Halten und Stoßen*
> *Laufen durch den Wurfkreis*
> *Ball aus der Hand schlagen oder reißen*

Taktik: Darauf achtet besonders ...

- *im Angriff*
> *Passe erst, wenn der Partner sich frei anbietet!*
> *Laufe aus dem Deckungsschatten deines Gegenspielers!*
> *Öffne Passwege und biete dich an!*
> *Eigensinniges Prellen vermeiden!*
> *Freiprellen zum Tor, wenn sich eine Gelegenheit ergibt!*

- *in der Verteidigung*
> *Den Gegenspieler ab der Mittellinie decken!*
> *Zwischen Angreifer und Tor bewegen!*
> *Ballführer stören!*
> *Ballführer nach außen abdrängen!*

Nach jedem Regelverstoß bekommt der Gegner den Ball zum Freiwurf von der Stelle, an der der Regelverstoß begangen wurde. Wenn der Gegner zur Torabwehr durch den Torkreis läuft, bekommt der Angreifer einen Strafwurf von einer Position 1m vor dem Torkreis.

Taktische Grundregeln

Gespielt wird nach wie vor mit Manndeckung. Jeder Spieler hat seinen Gegenspieler, den er etwa von der Mittellinie an eng deckt.

Für den Angreifer gilt es, den Ball durch geschicktes Stellungsspiel, durch Freilaufen aus dem Deckungsschatten heraus, durch Anbieten und durch geschicktes Freiprellen den Weg zum Torwurf zu wählen oder einen ihrer Spieler in eine erfolgversprechende Torwurfposition zu spielen.

> ➤ *Stelle Blickkontakt zum Partner her!*
> ➤ *Passe erst, wenn der Partner sich frei anbietet!*
> ➤ *Laufe aus dem Deckungsschatten deines Gegenspielers!*
> ➤ *Öffne Passwege und biete dich an!*
> ➤ *Hilf dem Ballbesitzer, indem du dich freiläufst!*
> ➤ *Vermeide das Prellen, wenn der Mitspieler in günstigerer Position ist!*
> ➤ *Bevorzuge den Pass, wenn du angegriffen wirst!*
> ➤ *Prelle dich zum Tor hin frei, wenn sich eine Gelegenheit ergibt!*

Die Aufgabe des Verteidigers besteht darin, den Angreifer beim Raumgewinn durch Prellen zu stören, Bälle herauszuspielen, Abspiele zu stören und Passwege zu verhindern, Pässe abzufangen und Torwürfe zu blockieren. Er nimmt seine Position zwischen dem Angreifer und dem Tor ein. Die neue Breite des Feldes wird in der Weise genutzt, dass der Ballführer möglichst nach außen abgedrängt wird.

> ➤ *Decke den Ballführer etwa ab der Mittellinie eng!*
> ➤ *Wähle deine Position zwischen dem Angreifer und dem Tor!*
> ➤ *Störe den Ballführer und dränge ihn nach außen ab!*
> ➤ *Versuche dem Ballführer den Ball herauszuspielen!*
> ➤ *Verstelle die Passwege zu freistehenden Angreifern!*
> ➤ *Versuche Torwürfe zu blockieren!*

Der Sprungwurf

Sprungwürfe gibt es aus unterschiedlichen Situationen, aus verschiedenen Positionen und in unterschiedlichen Bewegungsmustern. Hier interessiert lediglich die Grundform.

Folgende Details sind von Bedeutung:

> *Anlauf mit drei Schritten (links – rechts – links für den Rechtswerfer)*
> *Rückführen des Balles zur Wurfarmschulter*
> *Absprung vom linken Bein in die Höhe (nicht in die Weite)*
> *Rückführen des Wurfarmes*
> *Abwurf im höchsten Punkt der Steigbewegung*
> *Landung auf dem Sprungbein oder auf beiden Beinen*

Der Lehrweg erfolgt ganzheitlich. Für den Absprung reicht eine Markierung auf dem Boden, die mit drei Schritten erreicht werden soll. Auf methodische Sprunghilfen wird bewusst verzichtet, da nach unseren Erfahrungen die Verletzungsgefahr sehr groß ist und auch die Aufmerksamkeit von der eigentlichen Bewegung abgelenkt wird. Der Rechtswerfer beginnt den Anlauf mit links und springt mit links ab. Die Ausgestaltung und Verbesserung der Bewegung erfolgt durch Anwenden in Übungsformen.

Übungsformen für den Sprungwurf

Sprungwurf aus drei Schritten Anlauf
Die Absprungstelle zum Wurf wird mit einer Bodenmarkierung (REIVO-Plättchen, Linie) festgelegt. Der Anlauf erfolgt mit drei Schritten (links - rechts - links für den Rechtswerfer) aus einer vom Werfer eingeschätzten Entfernung. Wer geworfen hat, bewegt sich hinter seinem Ball hinterher und bringt diesen einem der nächsten Werfer.

Sprungwurf

> 3 Schritte Anlauf
  (links - rechts - links beim Wurf
  mit rechts)

> Absprung mit links in die Höhe

> Ausholen mit Rückführen von Schulter und
  Ball

> Landung auf dem Sprungbein
  oder auf beiden Beinen

Zielwerfen
Auf einem Weichboden sind verschiedene Ziele eingezeichnet. Jeder Treffer zählt einen Punkt für den Werfer oder für die Mannschaft, wenn die Form als Mannschaftswettbewerb organisiert ist.

Sprungwurf nach Pass von der Wurfarmseite
Ein Spieler übernimmt die Aufgabe des Zuspielers. Nach dem Pass erfolgt ein Sprungwurf aus dem Dreischrittanlauf. Wer geworfen hat, bewegt sich hinter seinem Ball hinterher und legt diesen wieder beim Zuspieler ab.

Sprungwurf nach Pass von der Wurfarmgegenseite.
Ein Spieler ist fester Zuspieler. Der Zuwurf zum Sprungwurf erfolgt von der Wurfarmgegenseite. Wer geworfen hat, bewegt sich hinter seinem Ball her und legt diesen wieder beim Zuspieler ab.

Sprungwurf aus dem Prellen
Der Werfer prellt von einer festgelegten Entfernung direkt auf das Tor zu, nimmt den Ball auf und schließt die Aktion mit einem Sprungwurf ab. Nach dem Wurf läuft er zum Tor und nimmt dort den nächsten Ball in Empfang.

Ballannahme in der Bewegung mit Sprungwurf
Ein Spieler ist fester Zuspieler. Er passt den Ball in den Lauf des auf das Tor zulaufenden Werfers, zunächst von der Wurfarmseite, dann von der Nicht-Wurfarmseite. Dieser schließt seine Aktion mit einem Sprungwurf ab. Wer geworfen hat, läuft zum Tor und nimmt dort den jeweils nächsten Ball in Empfang und legt diesen wieder beim Zuspieler ab.

Sprungwurf mit Abwehrspieler
Der Werfer wird an der Torkreislinie von einem Abwehrspieler empfangen. Dieser beschränkt seine Abwehraktionen darauf, direkt vor dem Werfer Stellung zu beziehen und beide Arme zu heben. Der Werfer versucht gegen diese Aktionen erfolgreich das Tor zu treffen.

Spielreihe 2: „Torwurfspiele Sprungwurf"
Spiel 15: Sprungwurf aus drei Schritten Anlauf

Die Startposition ist so weit vom Wurfkreis entfernt festgelegt, dass der Torwart eine reelle Chance hat, die mit Sprungwurf geworfenen Bälle zu halten. Der Torwart kümmert sich nur um seine Torwart-Aufgaben. Wer geworfen hat, holt seinen Ball wieder und übergibt ihn an den nächsten Werfer. Das Werfen erfolgt zunächst aus der Mitte des Spielfeldes, dann auch von den Seiten.

Spielreihe 2: „Torwurfspiele Sprungwurf"
Spiel 16: Sprungwurf aus dem Pass

Der Pass erfolgt zunächst auf kurzem Weg von der Wurfarmseite, dann auf längerem Weg von der Nicht-Wurfarmseite. Wer geworfen hat, holt seinen Ball und legt diesen wieder beim Zuspieler ab.

Spielreihe 2: „Torwurfspiele Sprungwurf"
Spiel 17: Sprungwurf aus dem Prellen

Prellweg und Wurfentfernung sind durch Markierungen festgelegt. Wer geworfen hat, sammelt seinen Ball wieder auf und übergibt diesen an den nächsten Werfer.

Spielreihe 2: „Torwurfspiele Sprungwurf"
Spiel 18: Sprungwurf aus dem Prellen nach Zupassen

Der Pass erfolgt in den Lauf des Werfers zunächst von der Wurfarmseite, dann auch von der Nicht-Wurfarmseite. Die Wurfentfernung zum Tor ist so markiert, dass der Torwart eine reelle Chance hat. Wer geworfen hat, holt seinen Ball und legt diesen wieder beim Zuspieler ab.

Spielreihe 2: „Torwurfspiele Sprungwurf"
Spiel 19: Sprungwurf aus dem Prellen nach Doppelpass

Ein fester Zuspieler passt den vom Werfer aus dem Dribbeln zugespielten Ball wieder zum Sprungwurf zurück. Die Wurfentfernung wird entsprechend der Wurfkraft des jeweiligen Werfers festgelegt.

Spielreihe 2: „Torwurfspiele Sprungwurf"
Spiel 20: Sprungwurf nach Lauffinte und Pass

Ein Hütchen markiert die Stelle, an der die Lauffinte ausgeführt wird. Der Pass erfolgt direkt nach der Lauffinte in den Lauf des Werfers, zunächst von der Wurfarmseite, dann von der Nicht-Wurfarmseite.

Spielreihe 2: „Torwurfspiele Sprungwurf"
Spiel 21: Sprungwurf nach Lauffinte und Pass am Gegner

Ein Gegenspieler verstellt dem Preller den Weg zum Tor, ein fester Zuspieler steht an der Seite. Mit Pass, zunächst von der Wurfarmseite, dann von der Nicht-Wurfarmseite, und Lauffinte wird der Abwehrspieler überspielt.

Spielreihe 1: „Spiele auf zwei Tore"
Spiel 6: *Zielspiel: 4 + 1 als 4 : 0 - System-Spiel*

Zielvorstellung
Aus dem Spiel mit Manndeckung heraus ergibt sich durch die angreifende Mannschaft, die die Verteidigung an den eigenen Wurfkreis zurückdrängt, jetzt das Handballspiel mit einem einfachen System, das entsprechend der Spielerzahl in einem 4 : 0 Abwehrsystem gespielt wird. Die angreifende Mannschaft hat die Möglichkeit, in einem 4 : 0 oder einem 3 : 1 (mit Kreisläufer) Angriffssystem zu spielen. Damit ist das spielerische Ziel unseres Lehrvorschlages, das Minihandballspiel, erreicht. (Alle nachfolgenden Spiel- und Übungsformen ergeben sich aus diesem Spiel). In diesem System stehen die Abwehrspieler auf festen Positionen um den Wurfkreis herum und decken den Raum vor ihnen und um sie herum in einer geschlossenen Formation ab. Jedem Abwehrspieler ist der vor ihm agierende Angreifer zugeordnet. Wenn dieser im Ballbesitz ist, rückt der Abwehrspieler nach vorne dicht an ihn heran, um seinen Aktionsradius einzuschränken und einen Durchbruch zum Tor zu verhindern.

Spielregeln
Der Ball wird von einer Mannschaft an der Mitte des Spielfeldes mit einem Pass zum Mitspieler ins Spiel gebracht. Die ballbesitzende Mannschaft greift an, die andere verteidigt. Der Ballvortrag erfolgt mit Passen, Fangen und Prellen.

Ein Regelverstoß des Angreifers liegt vor,

> ➤ wenn der Ballbesitzer mit dem Ball in der Hand mehr als drei Schritte läuft.
> ➤ wenn der Ball länger als 3 Sekunden gehalten wird.
> ➤ wenn der Ballbesitzer zweimal prellt.
> ➤ wenn der Angreifer den Gegenspieler rempelt oder wegstößt.
> ➤ wenn der Angreifer beim Torwurf übertritt.

Ein Regelverstoß des Verteidigers liegt vor,

> ➤ wenn der Verteidiger den Angreifer hält oder stößt.
> ➤ wenn der Verteidiger dem Angreifer den Ball aus den Händen schlägt oder reißt.
> ➤ wenn der Verteidiger dem Angreifer beim Werfen in den Wurfarm greift.
> ➤ wenn der Verteidiger bei der Abwehr des Torwurfes durch den Wurfkreis läuft.

Nach jedem Regelverstoß bekommt der Gegner den Ball zum Freiwurf von der Stelle, an der der Regelverstoß begangen wurde. Wenn der Gegner zur Torabwehr durch den Torkreis läuft, bekommt der Angreifer einen Strafwurf von einer Position 1 m vor dem Torkreis.

Taktische Grundregeln
Gespielt wird in einer 4:0 Abwehrformation gegen eine 4:0 oder 3:1 Angriffsformation. Dabei stehen alle 4 Verteidiger an der Torraumbegrenzung und versuchen, einen Durchbruch, einen Torwurf oder ein Anspiel an den Kreis (wenn mit Kreisspieler agiert wird) zu verhindern.

Die Aufgabe des Verteidigers besteht zunächst darin, den Angreifer beim Raumgewinn durch Prellen zu stören, Bälle herauszuspielen, Abspiele zu stören, Passwege zu verhindern und Pässe abzufangen. Anschließend nimmt er seine Position zwischen dem Angreifer und dem Tor an der Torraumbegrenzung ein.

> ➤ *Wähle deine Position zwischen dem Angreifer und dem Tor!*
> ➤ *Schränke die Aktionen des Ballhalters frühzeitig ein!*
> ➤ *Bewege dich zur Ballseite und hilf deinen Abwehrspielern neben dir!*
> ➤ *Agiere zwischen Ballbesitzer und Tor!*
> ➤ *Störe das Abspiel!*
> ➤ *Versuche dem Preller den Ball herauszuspielen!*
> ➤ *Versuche den Ball abzufangen!*
> ➤ *Biete einen möglichst großen Abwehrschirm („Scheibenwischer") und versuche Torwürfe zu blockieren!*
> ➤ *Versuche, den Angreifer zu täuschen!*
> ➤ *Versuche, Fehler zu provozieren!*
> ➤ *Zwinge den prellenden Spieler zur Ballaufnahme!*
> ➤ *Versuche, Abspiele an den Kreisläufer zu verhindern!*
> ➤ *Decke den Kreisläufer, wenn dein Gegenspieler nicht in Ballbesitz ist!*
> ➤ *Sprich dich mit deinem Mitspieler ab, um ein Anspiel an den Kreis zu verhindern!*

4 + 1 als 4 : 0 – System-Spiel

Mit Raumdeckung gegen den Angreifer

Das sind die Regeln:
Fehler des Angreifers

➢ *Laufen mit dem Ball in der Hand*
➢ *Ball länger als 3 Sekunden halten*
➢ *Rempeln und Wegstoßen*
➢ *Übertreten beim Torwurf*
➢ *Zweimal prellen*

Fehler des Verteidigers
➢ *Halten und Stoßen*
➢ *Laufen durch den Wurfkreis*
➢ *Ball aus der Hand schlagen oder reißen*

Taktik: Darauf achtet besonders ...

- **im Angriff**

➢ *Prelle in Richtung Tor, solange du freie Bahn hast!*
➢ *Spiele ab, wenn du angegriffen wirst!*
➢ *Öffne Passwege und biete dich an!*
➢ *Laufe in erfolgversprechende Wurfpositionen!*
➢ *Achte auf die Wurfkreislinie!*

- **in der Verteidigung**

➢ *Bewege dich zwischen Angreifer und Tor!*
➢ *Rücke zum Ballführer vor und greife diesen an!*
➢ *Decke den Kreisläufer, wenn er dein Gegenspieler ist!*
➢ *Zwinge den prellenden Spieler zur Ballaufnahme!*
➢ *Sprich dich mit deinen Mitspielern ab, um ein Anspiel des Kreisläufers zu verhindern!*
➢ *Beobachte den Ballführer und hilf deinem Nebenspieler!*

Der Angreifer kann seinen Gegenspieler durch geschicktes Prellen und durch gutes Zusammenspiel überwinden. Beim Einzelspiel kommt es darauf an, den Ball vor dem Zugriff des Verteidigers zu schützen und diesen durch geschickte Tempo- und Richtungswechsel sowie Täuschungen zu überspielen. Wenn der Ballbesitzer in Bedrängnis gerät, muss der Mitspieler durch geschicktes Stellungsspiel helfen.

Dabei sind eine Reihe von taktischen Grundregeln wichtig:

... für den Angreifer mit Ball

> *Prelle in Richtung Tor, solange du freie Bahn hast!*
> *Spiele ab, wenn du vom Verteidiger angegriffen wirst!*
> *Spiele nicht zu früh ab, erst wenn der Verteidiger eindeutig in deine Richtung agiert!*
> *Passe nicht zu dicht am Abwehrspieler vorbei!*
> *Brich durch, wenn sich der Verteidiger zum Mitspieler ohne Ball orientiert!*
> *Entscheide selbst, wenn sich der Verteidiger nicht eindeutig verhält!*
> *Täusche einen Pass an und brich selbst durch!*
> *Spiele den Kreisläufer an, sobald du die Gelegenheit dazu erkennst!*

... für den Angreifer ohne Ball

> *Beobachte aufmerksam die Aktionen des Abwehrspielers!*
> *Laufe dich so frei, dass du sicher angespielt werden kannst!*
> *Bewege dich nicht auf gleicher Höhe mit deinem Mitspieler!*
> *Laufe heraus aus dem Schatten des Gegenspielers!*
> *Laufe in erfolgversprechende Wurfpositionen!*
> *Achte auf die Spielfeldlinien!*

... für den Kreisläufer

> *Halte deine Arme jederzeit zum Anspiel bereit!*
> *Löse dich von deinem Gegenspieler, so dass du sicher angespielt werden kannst!*
> *Biete dich auch als Anspielstation vor der Verteidigung an, wenn die Situation es verlangt!*
> *Stelle dich auch vor deinen Gegenspieler, um diesen zu blocken!*
> *Achte auf die Spielfeldlinien!*

... für alle Angreifer

> *Versucht mit Doppelpass zum Erfolg zu kommen, wenn genug Raum da ist!*

Spielreihe 3: „Spiele auf ein Tor"
Spiel 5: 3 gegen 2

Zielvorstellung

Die Auseinandersetzung *3 gegen 2* thematisiert einen wichtigen Ausschnitt des Handballspiels. Es ist ein weiterer fundamentaler Baustein unseres Zielspiels Minihandball. Das Spiel *3 gegen 2* erweitert die Möglichkeiten des in Überzahl spielenden Angreifers. Einer von ihnen bezieht Position am Wurfkreis und bietet sich dort immer wieder zum Anspiel an (Kreisläufer). Überzahlsituationen vereinfachen die Angriffshandlungen und geben dem Angreifer mehr Zeit bei den Wahrnehmungs- und Entscheidungsleistungen.

Der Ballführer lernt, seine Entscheidungen in Einschätzung des Verhaltens seiner Mitspieler sowie seiner Gegenspieler angemessen zu treffen und schult gleichzeitig sein peripheres Sehen. Er erwirbt zunehmend Sicherheit, die Situationen einzuschätzen, wann es lohnt, selbst aus der Distanz zu werfen oder zum Tor hin durchzubrechen oder wann das Abspiel zum Spieler am Kreis die bessere Lösung ist.

Der vom Wurfkreis entfernte, nicht ballbesitzende Angreifer lernt weiter, „raumentlastend" zu agieren, d.h. den zweiten Gegenspieler so auf sich zu ziehen, dass der Mitspieler am Kreis sich freilaufen und anbieten kann. Wieder muss er sich so verhalten, dass er den Raum nicht eng macht, sondern im Gegenteil für Weite des Raumes sorgt. Nur wenn es ihm gelingt, den Gegenspieler vom dritten Angreifer wegzuziehen, kann dieser erfolgversprechend angespielt werden.

Der Verteidiger lernt, den jeweiligen Ballbesitzer eng zu decken, ein Freiprellen oder Durchbrechen in Richtung des Tores zu verhindern und Torwürfe zu blockieren. Dabei hat der Verteidiger des nicht ballbesitzenden Angreifers die Aufgabe, zwei Spieler im Blick zu haben und seine Aktionen auf deren Verhalten abzustimmen. Wird der Verteidiger ausgespielt, muss der zweite Verteidiger mit aushelfen. Ist der Angreifer nicht in Ballbesitz, soll sich der jeweilige Abwehrspieler zum Kreisläufer hin orientieren, um zu verhindern, dass dieser angespielt wird. In dieser Situation ist eine Absprache mit dem Mitspieler über das Verhalten des Kreisläufers sehr wichtig. Kommt sein Gegenspieler wieder in Ballbesitz, muss der Abwehrspieler diesen sofort wieder eng decken.

Spielgedanke

Zwei Mannschaften mit je drei Spielern spielen gegeneinander auf ein Tor. Die ballbesitzende Mannschaft besteht aus drei Angreifern, die vor allem im Rückraum, und einem Angreifer, der eng am Kreis agiert. Von der verteidigenden Mannschaft rückt einer ins Tor und die anderen beiden übernehmen die Abwehr. Die Ballbesitzer bemühen sich, die Gegenspieler durch geschicktes Zusammenspiel zu überspielen und vor allen Dingen ihren Kreisläufer in eine günstige Torwurfposition zu spielen. Wenn der Angreifer den Ball verliert, werden die Aufgaben getauscht. Abwehrspieler und Torwart übernehmen die Aufgaben der Angreifer. Sie beginnen ihren Angriff hinter einer vorher festgelegten Markierung.

Spielregeln

Der Ball wird vom ballbesitzenden Angreifer von einer festgelegten Markierung aus mit Prellen oder einem Pass ins Spiel gebracht. Der Spielraum ist durch Hütchen begrenzt. Der Ballbesitzer greift an, die andere Mannschaft verteidigt. Der Ballvortrag erfolgt durch Prellen, Passen und Fangen.

Ein Regelverstoß des Angreifers liegt vor,

> ➤ wenn der Ballbesitzer mit dem Ball in der Hand mehr als drei Schritte läuft.
> ➤ wenn der Ball länger als 3 Sekunden gehalten wird.
> ➤ wenn der Ballbesitzer zweimal prellt.
> ➤ wenn der Angreifer den Gegenspieler rempelt oder wegstößt.
> ➤ wenn der Angreifer beim Torwurf übertritt.

Ein Regelverstoß des Verteidigers liegt vor,

> ➤ wenn der Verteidiger den Angreifer hält oder stößt.
> ➤ wenn der Verteidiger bei der Abwehr des Torwurfes durch den Wurfkreis läuft.
> ➤ wenn der Verteidiger dem Angreifer den Ball aus der Hand schlägt oder reißt.

3 gegen 2

Mit einem Kreisläufer zum Torerfolg

Das sind die Regeln:
Fehler des Angreifers
> ➤ *Laufen mit dem Ball in der Hand*
> ➤ *Ball länger als 3 Sekunden halten*
> ➤ *Rempeln und Wegstoßen*
> ➤ *Übertreten beim Torwurf*
> ➤ *Zweimal prellen*

Fehler des Verteidigers
> ➤ *Halten und Stoßen*
> ➤ *Laufen durch den Wurfkreis*
> ➤ *Ball aus der Hand schlagen oder reißen*

Taktik: Darauf achtet besonders ...
- **im Angriff**
  > ➤ *Laufe in Richtung Tor, solange du freie Bahn hast!*
  > ➤ *Täusche Durchbrüche vor!*
  > ➤ *Spiele ab, wenn du vom Verteidiger angegriffen wirst!*
  > ➤ *Passe nicht zu dicht am Verteidiger vorbei!*
  > ➤ *Brich durch, wenn der Verteidiger sich zum Mitspieler orientiert!*
  > ➤ *Spiele zum Kreisläufer, wenn dieser sich anbietet!*
- **für den Kreisläufer**
  > ➤ *Halte deine Arme jederzeit zum Anspiel bereit!*
- **in der Verteidigung**
  > ➤ *Schränke die Aktionen des Ballführers rechtzeitig ein!*
  > ➤ *Bewege dich zur Ballseite und hilf dem Abwehrspieler neben dir!*
  > ➤ *Wähle deine Position zwischen dem Angreifer und dem Tor!*
  > ➤ *Störe das Abspiel!*
  > ➤ *Versuche den Ball herauszuspielen!*
  > ➤ *Biete einen möglichst großen Abwehrschirm („Scheibenwischer")!*
  > ➤ *Versuche, Abspiele zum Kreisläufer zu verhindern!*

Nach jedem Regelverstoß bekommt der Gegner den Ball. Angreifer und Verteidiger wechseln ihre Positionen.

Taktische Grundregeln

Der Angreifer kann seinen Gegenspieler durch geschicktes Prellen, durch gutes
Zusammenspiel und durch geschicktes Anspiel des Kreisspielers überwinden.
Beim Einzelspiel kommt es darauf an, den Ball vor dem Zugriff des Verteidigers
zu schützen und diesen durch geschickte Tempo- und Richtungswechsel sowie
Täuschungen zu überspielen. Wenn der Ballbesitzer in Bedrängnis gerät, muss
der Mitspieler durch geschicktes Stellungsspiel helfen.
Dabei werden eine Reihe von taktischen Grundregeln gelernt, die immer wieder
bewusst gemacht werden müssen:

... für die Angreifer mit Ball

➢ *Prelle in Richtung Tor, solange du freie Bahn hast!*
➢ *Spiele ab, wenn du vom Verteidiger angegriffen wirst!*
➢ *Spiele nicht zu früh ab, erst wenn der Verteidiger eindeutig in deine Richtung
  agiert!*
➢ *Passe nicht zu dicht am Abwehrspieler vorbei!*
➢ *Brich durch, wenn sich der Verteidiger zum Mitspieler ohne Ball orientiert!*
➢ *Entscheide selbst, wenn sich der Verteidiger nicht eindeutig verhält!*
➢ *Täusche einen Pass an und brich selbst durch!*
➢ *Spiele den Kreisspieler an, wenn dieser sich anbietet!*

... für den Angreifer ohne Ball

➢ *Beobachte aufmerksam die Aktionen des Abwehrspielers!*
➢ *Laufe dich so frei, dass du sicher angespielt werden kannst!*
➢ *Bewege dich nicht auf gleicher Höhe mit deinem Mitspieler!*
➢ *Laufe heraus aus dem Schatten des Gegenspielers!*
➢ *Laufe in erfolgversprechende Wurfpositionen!*
➢ *Achte auf die Wurfkreislinie!*

... für den Kreisspieler

➢ *Halte deine Arme jederzeit zum Anspiel bereit!*
➢ *Löse dich von deinem Gegenspieler, sodass du sicher angespielt werden
  kannst!*
➢ *Biete dich auch als Anspielstation vor der Verteidigung an, wenn die Situati-
  on es verlangt!*
➢ *Stelle dich auch vor deinen Gegenspieler, um diesen zu blocken!*
➢ *Achte auf die Wurfkreislinie!*

... für alle Angreifer

➢ *Versucht mit Doppelpass zum Erfolg zu kommen, wenn genug Raum da ist!*

... für die Abwehrspieler

➢ *Schränke die Aktionen des Ballhalters frühzeitig ein!*
➢ *Bewege dich zur Ballseite und hilf deinem Abwehrspieler neben dir!*
➢ *Agiere zwischen Ballbesitzer und Tor!*
➢ *Störe das Abspiel!*
➢ *Versuche dem Preller den Ball herauszuspielen!*
➢ *Versuche den Ball abzufangen!*
➢ *Biete einen möglichst großen Abwehrschirm („Scheibenwischer") und versuche, Torwürfe zu blockieren!*
➢ *Versuche, den Angreifer zu täuschen!*
➢ *Versuche, Fehler zu provozieren!*
➢ *Versperre den Weg nach innen!*
➢ *Zwinge den prellenden Spieler zur Ballaufnahme!*
➢ *Versuche, Abspiele an den Kreisläufer zu verhindern!*
➢ *Decke den Kreisläufer, wenn dein Gegenspieler nicht in Ballbesitz ist!*
➢ *Sprich dich mit deinem Mitspieler ab, um ein Anspiel an den Kreis zu verhindern!*

Fallwürfe

Fallwürfe sind wichtige Angriffsmittel des Angreifers aus der beengten Situation am Wurfkreis. Es gibt sie in unterschiedlichster Ausführung und in vielen individuellen Varianten. Der früher gelehrte frontale Fallwurf hat heute kaum noch Bedeutung. Er ist dem Sprungfallwurf gewichen, der mehr Möglichkeiten bietet, sich aktiv nach vorne von der Verteidigung zu lösen. Neben dem Sprungfallwurf sind später die Drehfallwürfe für Angriffsaktionen am Wurfkreis unentbehrlich. Auf diese soll aber hier ganz verzichtet werden.

Der Sprungfallwurf

Beim Sprungfallwurf sind folgende Details von Bedeutung:

> *Ausgangsstellung in paralleler Fußstellung oder leichter Schrittstellung*
> *Blick zum Torwart*
> *Ball mit beiden Händen in Brusthöhe auf der Wurfarmseite halten*
> *Einleiten der Fallbewegung und Beugen der Beine zum Absprung*
> *Rückführen der Wurfarmschulter und Ausholbewegung mit dem Ball*
> *Sprungbewegung nach vorn mit vollständigem Strecken der Knie*
> *Schlagartige Wurfbewegung*
> *Abfangen des Körpers mit beiden Händen*

Die Details bestimmen auch die Grobform der Bewegung, die sich erst durch vieles Anwenden und Üben in eine feinere Form verwandelt. Verbessert wird die Wurfgestalt und das Gefühl für das Werfen in Übungsformen, in denen dann auch einzelne Bewegungsdetails schwerpunktmäßig herausgehoben und Fehler korrigiert werden. Empfehlenswert sind zu Beginn des Lernprozesses Bodenmatten, um die Fallbewegung zu dämpfen und die Angst vor dem Fallen zu nehmen.

Übungsformen für den Sprungfallwurf

Der Lehrweg zum Sprungfallwurf erfolgt ganzheitlich. Als methodische Hilfe dient zu Beginn lediglich eine weiche Bodenmatte, die den Übenden die Angst vor dem Fallen nehmen soll.

Sprungfallwurf mit Landehilfe
Als Landehilfe dient eine Bodenmatte. Der Absprung zum Sprungfallwurf erfolgt vor der Matte, die Landung auf der Matte. Trotz der Weichheit der Matte wird auf die vollständige Streckung der Knie Wert gelegt. Wer geworfen hat, holt den Ball.

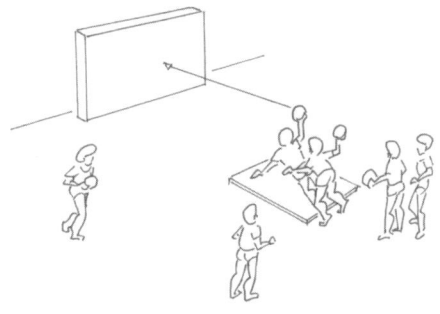

Sprungfallwurf

➤ leichte Schrittstellung oder parallele Fußstellung

➤ Ball in Brusthöhe

➤ Einleiten der Fallbewegung durch Beugen der Knie

➤ Sprungbewegung mit vollständiger Kniestreckung
➤ schlagartige Wurfbewegung

➤ Abfangen mit beiden Händen

Zielwerfen mit Landehilfe
Auf einem Weichboden sind verschiedene Ziele eingezeichnet. Jeder Treffer zählt einen Punkt für den Werfer oder für die Mannschaft, wenn die Form als Mannschaftswettbewerb organisiert ist.

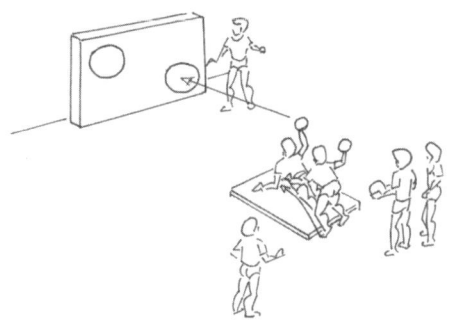

Sprungfallwurf ohne Landehilfe
Ohne Landehilfe ist eine saubere Ausführung der Landung mit vollständiger Kniestreckung und beidarmigem Abfangen des Körpers erforderlich. Als Ziel dient die Sitzfläche eines kleinen Kastens.

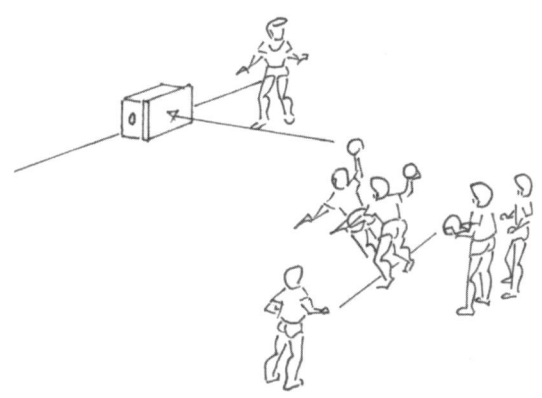

Passen und Werfen

Ein Spieler übernimmt die Aufgabe des Passspielers. Der Ball wird von der Wurfhandseite und auch von der Wurfhandgegenseite zugespielt und mit Sprungfallwurf aufs Tor geworfen. Wer geworfen hat, geht seinem Ball hinterher und legt diesen beim Zuspieler ab.

Spielreihe 2: „Torwurfspiele Sprungfallwurf"
Spiel 22: Fallwurf von verschiedenen Positionen

Die verschiedenen Wurfpositionen sind mit Matten ausgelegt. Geworfen wird aus der Mitte frontal vor dem Tor und von zwei Seitenpositionen. Die Matten werden so weit entfernt vom Tor ausgelegt, dass der Torwart eine Chance hat, die Bälle zu halten.

Spielreihe 2: „Torwurfspiele Sprungfallwurf"
Spiel 23: Fallwurf nach Bodenpass

Ein fester Zuspieler spielt den Ball mit Bodenpass zu. Die Wurfentfernung ist so festgelegt, dass der Torwart eine reelle Chance hat. Wer geworfen hat, geht seinem Ball hinterher und legt diesen wieder beim Zuspieler ab.

Spielreihe 2: „Torwurfspiele"
Spiel 24: Fallwurf nach Pass von der Seite

Ein fester Zuspieler spielt den Ball zunächst von der Wurfarmseite, dann auch von der Nicht-Wurfarmseite zu. Wer geworfen hat, geht seinem Ball hinterher und legt diesen wieder beim Zuspieler ab.

Übungsformen für das Passen und Fangen in der Bewegung

Fester Rückspieler

Ein Spieler ist fester Rückspieler, die anderen wechseln vor ihm von einer Seite zur anderen. Der Ball wird dem Rückspieler aus der Laufbewegung heraus zugespielt und von diesem wieder in den Lauf zurückgespielt. Ball und Spieler wechseln bei jedem Durchgang die Seite. Begonnen wird dort, wo sich mehr als ein Spieler befindet.

Zwei feste Rückspieler auf einer Seite

Zwei Spieler sind feste Rückspieler. Sie stehen in angemessenem Abstand voneinander entfernt auf einer Seite. Die anderen Spieler wechseln vor diesen von einer Seite zur anderen. Der Ball wird den Rückspielern aus der Laufbewegung heraus zugespielt und von diesen wieder in den Lauf zurückgespielt. Ball und Spieler wechseln bei jedem Durchgang die Seite. Begonnen wird dort, wo sich mehr als ein Spieler befindet.

Rückspieler auf verschiedenen Seiten
Die Rückspieler stehen jetzt links und rechts des Laufweges in angemessenem Abstand voneinander entfernt. Der Ball wird den Rückspielern aus der Laufbewegung heraus zugespielt und von diesen wieder in den Lauf zurückgespielt. Ball und Spieler wechseln bei jedem Durchgang die Seite. Begonnen wird dort, wo sich mehr als ein Spieler befindet.

Im Viereck
Mindestens fünf Spieler besetzen die Ecken eines Vierecks. Sie spielen sich den Ball im Kreis zu, während sie von einer Ecke zur anderen laufen. Die Spieler starten immer so, dass die Ballannahme etwa in der Mitte zwischen zwei Eckpunkten erfolgt.

Übungsformen für den schnellen Gegenstoß

Mit dem Systemspiel ist die Nähe zum Großen Handballspiel erreicht. Die Übungsformen zum schnellen Gegenstoß vermitteln einen Zusammenhang zum Tempogegenstoß, der im Handball eine große Bedeutung hat und immer dann zur Anwendung kommt, wenn es gelingt, der angreifenden Mannschaft den Ball abzunehmen und aus dieser Situation heraus überraschend und schnell nach vorne zu stoßen.

Alle hier ausgewählten Formen haben spielgemäßen Charakter, weil sie mit einem Wurf auf das Tor, das von einem Torwart gehütet wird, abgeschlossen werden. Die Entfernung zum gegnerischen Tor kann je nach Wurfleistung der Spieler Schritt für Schritt erweitert werden.

Rückpass und Start zum gegnerischen Tor
Wir spielen mit einem festen Zuspieler, der zentral im Rückraum steht. Der Spieler startet nach einem Rückspiel zum Zuspieler in Richtung des gegnerischen Tores. Dort erhält er den Pass mit einem langen Ball und versucht, diesen mit den verfügbaren Torwurfvarianten zu verwandeln.

Schneller Gegenstoß auf zwei Seiten
Je zwei Spieler auf beiden Seiten des Spielfeldes starten in Richtung des gegnerischen Tores. Die Übung beginnt bei Rückpass zum Zuspieler. Dieser entscheidet, welchen der beiden Spieler er mit einem langen Pass anspielt. Die beiden Spieler wechseln nach ihrer Aktion die Seiten.

Schneller Gegenstoß mit Abspiel
Wie vorher starten zwei Spieler auf den Außenseiten des Spielfeldes in Richtung des gegnerischen Tores. Der vom Zuspieler angespielte Spieler spielt den Ball selbst noch einmal ab. Der zweite Spieler schließt die Aktion mit einem Torwurf ab. Danach wechseln die beiden Spieler die Seiten.

Literatur

Elschenbroich, D.: Weltwissen der Siebenjährigen. Wie Kinder die Welt entdecken können. München 2001

Emrich, A.: Spielend Handball lernen in Schule und Verein. Wiebelsheim 2003

Heil, F.: Mit Kleinen Spielen zum Großen Spiel. In: Die Leibeserziehung (Lehrhilfen) 10/1970

Hilmer, J.: Aspekte und Probleme einer Didaktik der Leibeserziehung, dargestellt im Spiel. In: Die Leibeserziehung 2/1963

Hirtz, P.: Koordinative Fähigkeiten im Schulsport. Berlin 1985

Hirtz, P.: Die Komponente Koordination. In: Körpererziehung 45 (1994) 3, 102 - 106

Kesselmeier, R.: Exemplarische Spielreihe zum Erlernen des Handballspiels. In: Sportunterricht (Lehrhilfen) 6/1975

Kubik, W. /Medler, M.: Fußball in der Schule, Flensburg 2000

Medler, M. / Schuster, A.: Ballspielen. Ein integrativer Ansatz für Grundschule, Orientierungsstufe und Sportverein. Flensburg 2002

Medler, M. / Schuster, A.: Basketball. Teil 1: Hinführung durch Kleine Sportspiele. Flensburg 2001

Oppermann, H.-P. / Schubert, R. / Ehret, A.: Handballspielen mit Schülern. Handball-Handbuch 6. Münster 1997

Roes, P.: Einführung des Handballspiels im 5. Schuljahr. Schorndorf 1974

Schaller. H.-J. / Faulenbach, W.: Grundformen des Hallenhandballspiels. In: Die Leibeserziehung (Lehrhilfen) 9/ 1972

Schubert, R. / Späte, D.: Kinderhandball. Spaß von Anfang an. Handball-Handbuch 1. Münster 1998

Trosse, H.-D.:. Handbuch Handball. Aachen 2001